尋訪諸神的網站

二書大批判

很難相信

張開基 著

增修版序

在電子通訊及電腦科技日新月異的進展中，網路世界幾乎是無遠弗屆、普遍包羅，許許多多的資訊藉由全球網路飛快傳布，許多影片也可以輕鬆的在線觀看；

這本書原本根本不在筆者的出版計劃之中，但是，正是因為網路上一則演講紀錄片引發了社會上一股「風波重起」的騷動，在眾口鑠金，積非成是的誤導下，筆者為了破解謬論，導正觀念，不得不「重整旗鼓」再次出發；

這次的事件源起於一段現今身為「台大校長」李嗣涔先生2003年在公視科普節目中的演講內容，主題正是他研究多年的「人體特異功能」，包括「手指識字」和「神聖字彙」、「諸神網站」等等內容，也許是因為網路頻寬的大幅增加，上傳下載都非常快速，一部八年前的演講紀錄影片，也許開始於一個網友一時心血來潮好奇或好玩的轉貼轉傳分享，不料卻突然就這樣散布開來，在網路世界中掀起了高潮並且引發了廣泛的討論；

筆者也是在自己的私人電子信箱中收到「陌生人」傳來的影片分享網址，好奇的點進去看看；竟然第一次看到這段八年前的紀錄片，雖然內容和我從李嗣涔先生已經出版的「科學家探尋神祕訊息場」和「尋訪諸神的網站」二本書籍中所閱讀到的大致相同，但是，純文字敘述和真人影音動作以及口氣的表達，畢竟還是有著不同感受的。尤其是那種言之鑿鑿，非常肯定自己已經連上了「諸神的網站」，證實「靈界和神佛」存在的論調，必然會撼動許多社會大眾的基本觀念。

八年的時間在這段影片中似乎沒有重大的意義，只要是沒有看過、聽聞過李先生演講，沒有閱讀過他的相關著作的普羅大眾，並不會認為是「舊片」而因此加以「重新審視」，初次聽聞的幾乎都是當成「新發現」來看待，於是，一如我所憂心的；刻意的在網路上搜尋一下「關鍵名詞」，立刻就會跳出密密麻麻的熱烈迴響和討論，更可怕的是許多標題竟然直截了當的註明「台大校長嚴密科學實驗證明『佛神』、靈界的存在——」，許許多多宗教網站更是見獵心喜的拿來當成宣傳廣告；在後面加註：「——廣發可使人信佛」云云——

我不知道「台大校長」李嗣涔先生看到這樣的後果，究竟是「樂觀其成，十分欣慰」或者「憂心忡忡，冷汗直流」？也因為影片的四處散佈鬨傳，連帶著；李先生那兩本著作也突然在全省各大書店中熱賣起來，很快的就又再度躋身於暢銷書排行榜的前幾名。

同樣的，我也不知道李先生對於這樣的狀況反應如何？科學界的看法又如何？

但是，即使以我這樣一個平凡的社會人，我真的無法坐視，因為在二00五年初，在撰寫出版「伶姬五書的迷思」時，我已經針對李嗣涔先生那兩本書做了評論，同時收錄，並且在封面上做了「兼評 尋訪諸神的網站 一書」的副標題。

最近因為這段舊影片所引發的風波，顯然有越演越烈的趨勢，李嗣涔先生的「人體特異功能實驗」，尤其是在對於純粹來自「高橋舞」空口白話就當成事實用以肯定證明「神佛、靈界、外星人」實存的證據；以及對於大陸「孫儲琳」偷天換日的「起死回生」騙術就引為正式研究報告的言論和作為，以及因而造成對於社會大眾嚴重的誤導迷惑；筆者是萬萬不能坐視的。

因此，筆者特別致電出版該二書的「張老師出版社」向編輯部表達了我的關切，並且詢問有沒有針對坊間還在販售「那二本書籍」的處理措施？是否應該與作者李嗣涔先生商討如何處理？然而，對方的回應顯然相當不以為然，當我詢問目前市面上還在販售的書本是否是再版時？對方避重就輕的只說「那些書是一直在賣的啊？」，巧妙迴避了我的問題；但是，當我近日從網路書店購得的「科學家探尋神祕訊息場」和「尋訪諸神的網站」二書，前者是今年（2011年5月第38刷），後者是今年（2011年3月第11刷），顯然是為了商業考量為重，但，這也是無可厚非的。

只不過，當事人的李嗣涔先生，對於這樣的後果，不論是影片的流傳，書籍的重掀高潮，甚至淪為宗教界的宣傳工具；不知道又該如何自處？

也因為後續這幾年中又發生李嗣涔先生遭到學術界的抨擊撻伐，連科學界大老楊振寧博士也公開予以斥責，還有國際間也流傳出「高橋舞」作弊被抓包二次的新聞，終於公開了一些更新的真相。

雖然如此，社會上迄今仍然未見有公開評論批判的書籍出現，筆者回顧之前的評論內容，比對於最近才看到的影片內容，自認原先書中的各項評論仍然正確中肯，所以，再次整理修訂並增加不少追加的新訊息，一併編輯完成本書，評論批判抨擊揭發只是一個方式，而真正的目的仍然是筆者一向秉持的理念——尋求真相，維護真理。自反而縮，不得不爾。

違反自然，必無真理（原書序）

無庸置疑的，在地球所有的物種之中，人類是目前進化得最高階的唯一生物，不只是在生理方面，更關鍵的是在心智方面，我們不但可以認知自己身處的環境；宏觀的把眼界擴展到遠及幾百億光年以外，更能自覺的認知自己的起源，在自然界的定位，認知我們身體內部微觀的構造，發現自身基因的排序……

但是，除了外在的觀察，我們更運用內在的心智來思索探究自身的「心智」，而且不只是現實現存正在活動中的「心理」，不論神學、玄學、哲學、生物學、心理學、生死學、靈魂學等等的研究探索，也證明人類是地球所有物種之中，唯一可以探究「生死」，甚至意圖探究死後的世界以及生命本質的高階生物。

從人類有歷史記載的文明開始，「靈」、「靈魂」、「鬼神」、「靈界」、「天堂地獄」、「通靈」等等的話題以及相關的活動就從來沒有停止過；有些因此形成了具體活動的形式化宗教，有些則形成一種習俗觀念而已，容或；有些宗教隨著民族的衰亡而消失，有些習俗因為科學的進步而被打破推翻，但是，正如同生命不死，只是不停地在轉換形貌而已，是不是形式化的宗教並不是重點，而是只要地球上還有人類存活，這種探究「生死」和「生命本質」以及「死後世界」的活動就不會終止。

其實，「生死」是所有物種的必然和必須，和花開花落一樣的自然，而所謂的「靈」，所謂的「死後生命」也不過是生命的另一種型態而已，所謂的「鬼神」，也只是「靈」，所謂的「通靈」也只是一種能力甚至技能而已。這些仍然只是「自然」而已，除了「自然」，沒有所謂的「超自然」，更沒有超越「自然」的存在。所有的「非自然」和「不自然」都不可能長久存在於「自然」之中的。

在「自然」之中，沒有人類主觀所界定出來的「好壞、善惡、美醜……」等等二分法的相對比較，「靈」的本質也沒有絕對的高低，之所以有高下之分，和「慈悲與否」毫無關係，差別只在認知的能力；這點和現世的活人一樣，仍然只是智慧的高低（註：不是聰明、愚笨或者智商的高低），鬼之所以為鬼、菩薩之所以為菩薩、佛之所以為佛、高靈之所以為高靈，其實在本質上原本是完全相同的，差別只是在認知能力和智慧上。「因果律」和「慈悲觀」都屬於相對二分法的範疇，只要還局限在這個範疇中，就很難體悟「絕對的真理」，因為既然是「真理」，那就必定是「絕對」的，沒有任何相對的「真理」。當然，沒有人或者「靈」是可以了悟所有「絕對真理」的，但是，卻可以在不斷的體悟中，累積認知的能力和智慧的結晶。

所以，釋迦牟尼在二千六百年前已經深切的體悟了這點，「慈悲」只是我們生活在這個相對現世中和同類相處；以及和其他眾生「共榮共存」的一種必要的心態和必要的行為模式，同樣也沒有絕對的「慈悲」。而且，即使任何「大慈大悲」卻依舊不是終極究竟。唯有「智慧」才是渡到彼岸之筏（法），而終極究竟卻是連這個筏（法）也是必須捨棄的，因為既然在「絕對」之中是沒有相對的二分法事物，所以連「智慧的高下」也必將不復存在的。

耳熟能詳的，常有人會提到「眾生怕果，菩薩畏因」，可是，不知道有多少人曾經更深入的思索過這個說法或者這個問題的關鍵？正因為「眾生怕果，菩薩畏因」這句話或者這個原因，所以菩薩只能為菩薩，不能得證成佛。更何況只是相對現世中人為界定的「慈悲」呢？（不能明白甚至不同意的請再多細想幾遍）。

「通靈」是自然，「肉體生死」也是自然，所以，意圖使肉體永生不死是非自然的行為，而意圖「逆轉肉體生死」不只是非自然的行為，而且是根本不可能的。更完全了違反最初階的「因果律」，在邏輯理論上就是根本錯誤，又如何可能有真正「起死回生」的奇蹟發生呢？

為了寫這兩本書，我真的花費了很大的心力，逐字逐句將「伶姬五書」以及「難以置信II尋訪諸神的網站」一書精讀了好幾遍，逐一劃出重點，用貼紙標記，然後在電腦上分類歸納，將相關的內容一一整理，掃瞄或者直接打字，校對原文，再逐一評論寫作……

關於「難以置信Ⅱ尋訪諸神的網站」一書，由於原書內容就不多（每頁只有390字），可以評論的自然也不會太多。而「伶姬五書」部份，整理歸納出來的資料原本足足可以寫出三本評論，但是，那些一再重複的「前世因果」、「因果債務」、「輪迴轉世模式」、「祂們」、「老天爺」、「欠命、欠錢、欠情」……的內容，想想看，必須這樣一遍又一遍的細讀重看，那會是什麼樣的感受？所以我真的很用力，很硬撐著的也只能「到此為止」，無法再寫下去了。

因為，我一直是低頭蹲著寫，身體心理都負荷到了極限，而且，一直耽擱到我一直計劃中的「人本平台系列」的進行，所以，只好擱置了其他對於「伶姬五書」部份將近一半的評論，將「論　尋訪諸神的網站」一書」合併在第二冊中一起出版。其實不只是全都是評論性質，因為，「難以置信Ⅱ尋訪諸神的網站」一書之中同樣也牽涉到「類似通靈」和「意圖逆轉生死」的問題，一開始我就沒有將之定位在嚴謹的「科學實驗」的書類，相信讀者在看完這兩本書之後，應該會發現，也許在一些名詞上有所差異，但是，不論在實質內容、內在精神上其實是大同小異的。

同樣延續了第一冊的理念，為了維護真理，為了不負天下人，所以，只有挺身而出闡明事實真相，因為「違反自然，必無真理」，不論是通靈人、特異功能者、或者科學家甚或宗教家以至一般社會大眾都一樣。

（筆者註：本文原為『伶姬五書的迷思──兼評「尋訪諸神網站一書」』之序文）

目錄

「光速」與「通靈」

在評論「尋訪諸神的網站」二書之前；我必須先說明幾個重點，不是為了「先褒後貶」，也不是為了事先藉辭卸責（如果想卸責或者預先安排退路，我根本不用自尋麻煩的寫這篇評論），相反的，正是因為我要為自己所說所寫負責，也為了避免誤會甚至有心人士先入為主，斷章取義的曲解筆者的用心，所以才會聲明在先：

一、我相信「人體特異功能」的存在事實，甚至我覺得那連使用「特異」這個名詞都太大驚小怪了，我們一直認為的某些「特異功能」其實是人人天賦所具備的能力，只是平常沒有開發，一向被隱沒了。譬如五官功能的調換，像耳朵可以「看字」，額頭可以聽電話，鼻子可以「聞」顏色，額頭和手指或者皮膚可以「識字」，氣功師父可以「隔空發功」療傷治病，「特異功能者」可以透視人體，「ＥＳＰ超感知覺高功人士」可以協尋失蹤人口等等，這些我都能接受。

二、由於以往我一直長年在從事「靈異現象」的採訪工作，尤其民國七十四年到八十二年間，自己主辦發行「神祕雜誌」月刊，每個月都需要大量的相關素材，各種「人體特異功能」及「超能力」也是採訪及報導的重點，除了我自身親自前往全省各地採訪，社裡也有專業和特約的採訪記者，加上相關行道中長久廣結善緣而來的朋友互通訊息，因此也讓我認得或者接觸過國內外；以及中國大陸不少擁有各式各樣「特異功能」的人士，有不少到現今還是相當要好的朋友。

三、事實上，我相信我自己和李嗣涔先生，在心態方面至少有著某些共同點；都是非常渴望能證明「人體特異功能」是真實存在的。當然，我沒有李嗣涔先生這麼完善的設備，但是，仍然盡可能的購置或者商借過不少基本和特殊的實驗設備，甚至自行設計開發製造。而且雙方連研究過的對象相互間也有重疊的情形，譬如氣功的鍾老師，能靈畫的李醫師，石老師等等……我認識他們幾位的時間比李嗣涔先生接觸他們的時期還要更早，尤其在氣功科學化的研究方面，搭配天然水晶能量的各種實驗也是我一直在做的，包括使用「紅外線感熱攝象儀」攝錄人體氣場明顯流動變化和以意念發放「外氣」傳導至他人體內等等的珍貴錄影帶，我一直妥善的保留著，而對於「ＥＳＰ超感知覺」方面的實驗，也有不少珍貴的收獲和一些紀錄一直保存著，其中還有名人親友神祕失蹤之後；透過「ＥＳＰ超感知覺高功人士」協尋成功的前後比對紀錄。

四、原先，我是相當欽佩「李嗣涔」先生對氣功、信息場和「人體特異功能」方面長久以來研究用心的，甚至也曾小小的「間接的」贊助過一些相關器材給他的團隊研究人員和學生（ＥＳＰ超感應卡片和ＰＫ念力開發器等。參見附錄Ａ），我和台灣「飛碟教父 呂應鐘先生」在擔任台大「心靈社」顧問期間，社員中有不少也和參與「李嗣涔」先生研究的同學有所重疊（請參見附錄Ｂ）。

五、對事不對人；我和「李嗣涔」先生素未謀面，各人探索的領域也不完全相同，我雖然偶而也在一些大學開課，但是，從不將自己定位為教育界或學術界的人士，所以不是為了私人恩怨或任何名位之爭而惡意中傷。本書評論純粹只是針對李嗣涔先生所著作「科學家探尋神祕訊息場」、「尋訪諸神的網站」二書的部份內容；以及他某些研究的採樣和結論有不同的見解，而提出個人的看法（這部份，只要讀者詳讀所有內容一定可以了解）。

我第一次看到「尋訪諸神的網站」這本書是在花蓮一間頗具規模的書店中，我原本是去找幾本「電腦3D繪圖」方面的書，結果沒找著，離開書店前瞥了一眼「暢銷書區」和「新書區」，先看到的是施寄青女士的新書「看神聽鬼」，關心的去翻閱一下，想知道再版的情形，而緊臨著的就是「李嗣涔」教授這本新著；書名蠻吸引我的，好奇的翻閱了一下，首先看到的就是李嗣涔先生透過「T小姐」和她的師父之間的問答：「請開示：美國會攻打阿富汗嗎？……」

也許是以往經驗的敏感，我幾乎立刻就了解他們在幹嘛了，尤其是『請開示：』的開頭語，我直覺想到的就是「通靈問事」，

心裡免不了有些啞然失笑；覺得李嗣涔先生也會用這樣的方式透過「通靈人」請

教一些「預言」啊？當時，我壓根兒並沒有聯想到這位「T小姐」的身份，只是以為她是李嗣涔先生新近發掘出來或者經人介紹認識的「通靈人」而已。

但是自從，我回到花蓮隱居將近七年之中，我一直提醒自己「回歸人間，當個凡夫俗子」的心願，幾乎不再碰觸靈異方面的書籍，進出書店時，看到任何新出版的這類書籍是連翻都不翻的。所以，當時發現「尋訪諸神的網站」竟然有這樣的「通靈」內容時，一點點驚訝之後卻沒有什麼興趣，只記得書中好像還有一些在談論「光速」的科學論文吧？於是闔上書離開書店之後就不再想到過這本書。

之後，偶而在網路上和網友討論到愛因斯坦的「相對論」，特別是關於「光速」的問題，其實我在中學時代就看過「相對論」的書，雖然書名是「簡易相對論」，但是對那個年紀那樣淺薄認知的我，內容可一點也不簡易，真的是有看卻沒什麼懂。只是在關於愛因斯坦認為「光速」是宇宙中最快的絕對速度，再沒有任何速度可以超越光速；由於那時也喜歡看一些翻譯的科幻小說，腦中一直有著「超光速」這樣的「科幻」念頭。但是，卻是打心底就對愛因斯坦肯定「絕對光速」心存懷疑，因為那也只是他用數學和邏輯推論出來的，並沒有任何實驗證據可以證明確實如此，這點從一直想不通，到更深切的不以為然，再到後來非常想要徹底推翻愛因斯坦這個武斷的謬見，雖然，我非常關心這個問題的發展，一直在留心有沒有新的科學發現，可以證明宇宙間有更快過光速的東西？但是，好些同樣也不同意愛因斯坦見解的科學家，也提出不少新的理論和證據，但是，總還是嫌不夠（註一）。

不久前，我也「吃了熊心豹子膽」的在網路上陸續貼了幾篇論文；反駁過史蒂芬・霍金的「宇宙起始於大霹靂說」（註二）和傑弗里・威克斯的「鏡像宇宙說」（註三），甚至批判過伽利略在比薩斜塔所做的「重力實驗」在假設立論上有嚴重的根本錯誤。雖然公佈之後，反應相當兩極。不過，我並不在意，我只是想開個頭，讓大家知道「權威」科學家的論點未必完全正確無誤，也不是絕對不能反駁的，而且更不是非要是知名的大科學家才有資格或能力去反駁。

就因為「光速」這個問題，再次去書店買電腦書時，特別又翻閱了一下「尋訪諸神的網站」這本書，結果卻令我很興奮，這是我第一次看到「撓場」這個理論，而且不但提到「光速」，還提到水晶的能量（我曾長期經營過天然水晶的生意，自己喜歡水晶，也能明確感覺和實際運用水晶的能量，也是台灣第一本天然水晶書籍的撰寫者

（註四））,所以,看到「尋訪諸神的網站」這本書中,有這麼讓我興味盎然的內容,也就不在意其中那些我原先興趣缺缺「通靈」的部份,立刻把書買回來迫不及待的閱讀……

當然,我並沒有一頁一頁依序閱讀,最先讀的就是第十章「認識撓場」,看到該書第一九九頁第八行『2撓場的傳播速度至少是光速「十的九次方」倍』時,我真的非常震驚,加上該書第二〇一頁提到「水晶氣場就是撓場」,因為,與石英、水晶相關的書籍,我以前閱讀的很多,像水晶屬於「三方晶系」,結晶時形成的「晶格」會對光線造成「繞射現象」,以及「雙折射的偏光現象」,同時居禮夫人率先發現水晶的「壓電性」等等那是早就知曉的基本常識。而且,在我自己的長期實驗和體驗中,發現水晶的光電效應非常強,和人體振盪頻率有很長的重疊區,所以「共振」的效果也非常強,因而,我很早就提出「天然水晶是活的」說法。我自己練過氣功,也證明人體不但可以明確感知水晶的氣場,更能藉助水晶的氣場來增加自身的氣場強度,甚至可以用天然水晶製作宗教法器,如果懂得使用和長期正確的「修煉」,能量比金屬材質的法器更強大。我也曾在那段時期撰寫出版過不少水晶鑑定、應用方面的書籍,迄今也還在各大書店的長銷書之列。事實上，我確實曾使用天然水晶法器幫朋友處理過一些「難解」的問題，效果確實很驚人。目前雖然早就不再從事任何生意，但是，直到現在，家中至少還珍藏了數百件自己喜歡的水晶精品，幾百公斤上等的水晶原石，還有十幾件「能量超強」的水晶劍杵，不過，這個部份後期的發展就幾乎屬於魔幻靈異的領域，非關本書主旨範圍，就此打住，不再詳述。

但是，也就是在「認識撓場」這一章節的最後（二一二頁—二一三頁）竟然看到李嗣涔先生分別請教T小姐和孫儲琳女士在「信息場」的師父，包括「水晶產生氣」的原因以及「撓場速度」的問題？答案並不是我特別關心的重點，而是這種使用『請開示：』開頭的問句，以及所謂「信息場的師父」，在在都讓我會想到一般民間「通靈問事」的情形，不是我無法分辨兩者之間的差異，而是如果把「信息場的師父」這個名詞代換成民俗宗教中的「神明」或直接指名為「太子爺」、「濟公師父」，我覺得其間根本沒有任何不同，名詞只是一個稱謂上的虛詞，整個問事的型態和本質並沒有改變，我也不認為這樣的過程和方式是由科學家在實驗室進行，意義和結果就會特別不同。

我不確定李嗣涔先生會不會因為我這樣將兩者歸為一類，而認為我把他認為的「科學實驗」和民間信仰的「通靈迷信」混為一談是別有用心的「故意」行為，甚至因此而大為不滿？但是，我仍然必須實話實說，因為事實確實就是如此。而這也正是此後各章節中將逐一評論的重點。

在本章篇最末，我必須再次闡明；我相信「人體特異功能」是真實存在的，尤其是ESP（Extra Sensory Perception，特異感知），其實在我們身邊的每一個人或多或少都有這樣的能力，只是有強弱差別，還有時期差別，以及領域差別而已。但是，相信或者確實存在並不代表「絕對」與「至高無上」；譬如一顆全新的3號小電池，我相信它的電力可以讓一台「MP3」連續播放十小時左右，也可以讓一支迷你型手電筒連續發光五小時左右，但是，如果有人試圖告訴我；這樣一顆小電池的電力可以供應大台北地區一整年的所有家庭用電量，那，我是絕不會相信的。

註一：物理上的定律和推論，靠縝密高深的數學運算固然重要，但是邏輯卻是更重要的，如果立論的根本邏輯錯誤，不論數學運算如何精細，還是會得到錯誤的結論；譬如「速度」本來就是一種「相對的比較值」，既然是「相對」的，就不可能有任何所謂的「絕對速度」，譬如一個運動中的物體，其「速度值」是相對比較於另一個靜止的物體（或空間背景），或者相對比較於另一個同向抑或反向運動中的物體所得到結果，這樣的比較值叫做「速度」。而愛因斯坦所犯的正是在這方面邏輯上的根本錯誤；既然稱為「相對」，一切推論當然都是建立在「相對」的範疇裡，在「相對的範疇」裡是沒有所謂「絕對」的。因為「相對」的相對不是「絕對」，「絕對」的相對也不是「相對」（既然是「絕對」就沒有任何可「相對」的），所以愛因斯坦在自己發表的「相對論」中將「光速」認定是宇宙間無法超越的「絕對速度」，那是身為頂尖科學家所犯下的「最不可饒恕的錯誤」。但是，就在大多數不太懂得使用腦袋的科學家一窩蜂的奉若神明的人云亦云多年之後，終於有不少科學家不肯屈服在愛因斯坦的威權之下，運用各種物理實驗研究加上天文學、太空科學方面知識的日新月異，終於有了不少新發現；證明宇宙間有比光速更快的物質或能量。而且「光速」也不是絕對恆定的，某些力量可以使「光速」明顯減慢。

註二、筆者反駁的理由簡述：1生成地球這次大霹靂只是宇宙中無數次大霹靂之一，只是無垠宇宙夜空中一顆小煙火而已。２時間在大霹靂前已經存在。３「大霹靂」不是宇宙的全部，霍金的宇宙觀還不夠宏觀，過度武斷的認定；日後將會招來如同中世紀「地心說」之譏。

註三、筆者反駁的理由簡述：傑弗里・威克斯的「鏡像宇宙說」認為宇宙是有限的，只是因為鏡像效果互相反射而造成「無限」的錯覺。如果其所言為真，宇宙間的「紅位移」（ｒｅｄ　ｓｈｉｆｔ）和「藍位移」（ｂｌｕｅ　ｓｈｉｆｔ）現象應該等量才對。但是，事實上，天文學家一向觀察到的「紅位移」現象遠比「藍位移」現象多，幾乎不成比例，所以「鏡相宇宙說」是非常輕易就可以戳破的假說。

註四、《天然水晶神祕力的探索》，出版於民國八十二年五月。

附錄Ａ『一九八六年間，我在主辦發行「神祕雜誌」期間，在長期訂閱的日本相關期刊中，看到有關「ＥＳＰ超感應卡片」和「ＰＫ念力開發器」等的介紹，感到濃厚的興趣，但是，那時台灣根本買不到，對這類「特異功能」有研究興趣的好友也同樣沒有管道可以購買，於是我嘗試自行製作，老實說：真的是跑遍台北市太原路、環河南路那一帶的五金、塑膠、壓克力等等的材料行，最後甚至找到中、南部的大型塑膠、壓克力工廠，終於逐一把需要的材料買到，然後就自己動手「改裝、組合」，首先完成的是「ＰＫ念力開發器」，試用的效果不錯。接著又自行根據美國超心理學之父「克萊因博士」設計的「ＥＳＰ超感應測驗卡片」，自己動手用針筆繪製類似的五種圖形卡片，找到專門印刷壓切生產撲克牌的工廠，訂製了大約二千套的「ＥＳＰ超感應卡片」（因為這是基本印量），於一九八七年初正式販售（也是國內第一個自行開發販售的），雖然，我當時並不期望靠這些器材賺到什麼可觀的利潤，純粹只是希望在國內也有管道讓有興趣研究「特異功能」的朋友快速購得，只要能把開發成本打平，也就於願足矣，但是，事後證明，這真是一個賠本生意。不過，失之東隅，收之桑榆；反而是借著這兩種器材當成小禮物，認識了很多有興趣研究和自我開發訓練的朋友。其中，也在長期的實驗中，證明「通靈能力」和ESP（Extra Sensory Perception，特異感知）有關，但是和PK（Psychokinesis，心理動力或念力）沒有關連。尤其是在對「ESP」的制式標準測驗中，我發現有許多學齡前的小朋友，測驗成績都非常優異，反而讀了小學開始，隨年齡和學歷，這種能力卻會遞減，有幾位學齡前的小朋友竟然有高達百分之五十五的平均「命中率」，而有一位中年的好友竟然擁有百分之七十的平均「命中率」，不過，他是功力蠻高的「通靈人」，在電視台的多次訪問中也確實展現過驚人的「通靈異能」，而他的師父，同樣也擁有百分之五十五左右的平均「命中率」。但是，在「PK念力」方面，卻一直沒有什麼重大發現。至於我自己，同樣在很「良心」的制式標準測驗中，在「ESP卡片」方面，有接近百分之四十的平均「命中率」，只比常人「猜中的或然率」略高一點點，在「PK念力」方面結果是〇。不過，能因此證實ESP（Extra Sensory Perception，特異感知）確實存在，證明「ESP超感應卡片」不但可以用來測驗並且長期訓練這方面的能力，甚至還能兩人互相以「意念」傳輸感應結果，我還是非常興奮的。尤其是「ESP超感應卡片」更成了我測驗「通靈人」的基本工具，而且還能用來大批贊助一些大學相關社團。搬回花蓮隱居前，不得不扔掉了一堆，直到目前，家中還保存了一百多套。至於為什麼擁有「ESP」能力的人會多過擁有「PK」能力者多多，我認為；「ESP」能力有點像電視機，家家戶戶都可以輕鬆擁有，但是「PK」能力卻像電視台，必須擁有超強的發射功率才能辦得到。所以我並不懷疑這兩種能力的存在，只是比較不會輕易接受

「PK」的特異功能，何況「意念致動」又往往容易用魔術手法作假而達成，所以我不得不特別小心，觀察、測驗條件也就特別嚴苛。

附錄B『……台灣心靈學的第一個學生社團：1988年，學運領袖們創立了解禁後的第一批學運社團，也「超越學運本身」而「深入革命源頭」——設立了心靈研究社。這社團期許自己突破「學生社團」格局，而能發展成「研究單位」。幸運地，在創立前便得到社會人士的強力支持，支援書籍、儀器與經費。過去只能分散在學術機構外的這些一直「孤單」的超心理學前輩，如張開基、呂應鐘等（張開基先生與呂應鐘先生同被1986年英美同步出版的《UFOs and the ExtraterrestrialContact Movement》列於UFO人名錄《Name Index》。），熱忱地為學子們打開了國際性的視野，並協助聯絡國際性研究機構；尤其出版「神秘雜誌」的張開基先生，不僅提供許多儀器，也協助募得經費，使心靈研究社成為台大唯一不但不收社費，還能發「研究費」的學生社團。當時投入心靈研究的同學，可以不必打工、家教了。如此，在台灣超心理學界人士引導下，這第一個校園內「心靈學」機構，創立之初便聯絡了一些外國相關機構，將這學生社團在國際性學術視野中統合規劃，於是，為銜接最具權威的「心靈研究社」(Psychical Research Society，簡稱 SPR) 傳統，便定名為「台大心靈研究社」(亦簡稱 SPR)。它成為台大最活躍的社團之一，更是台灣心靈學界唯一的大學內社團。憑著社會有心人士的支持，觸角頗廣，也頗能「領先潮流」，例如早在 1988 年便錄影採訪了「借屍還魂朱慧華事件」，而那些錄影資料，多年後還被電視台珍視；又例如於 1989 年便曾派十多名自願社員，邀請呂金虎道長做了多次的「關落陰」實驗，完整地錄影記錄、進行討論分析，並發表於期刊中，使人們開始注意到這玄妙的「國粹」；此外採訪的奇人異士還很多，而其中有些超自然的人事物，是直到近年才被社會注意到的。(本文節錄自網路，原篇名：心靈學進入大學殿堂，作者為「張蘭石」)』

我為什麼沒有加入台大李嗣涔的研究團隊？

……一個二十多年前的祕辛

對於「超能力」（或者後來中國大陸改稱的「人體特異功能」），我從小就有著無比濃厚的興趣，從小學低年級看過日本電影「月光反面」和「飛天大俠」之後，就嚮往不已，尤其我是一個經常有著天馬行空想法的人。

民國六十五年起我開始勤跑各地廟宇神壇，七十二年起我正式開始採訪報導各種靈異事件，當然也包括接觸一些有「特異功能」的奇人異士，民國七十四年，創辦了

「神祕雜誌」，「超能力」更是雜誌報導的主題之一，那時每月出版一期的雜誌，需稿量很大，我仍然自己親自跑許多重要的採訪，也因此當然得盡量去開發挖掘各種相關的素材；想盡辦法去探訪全省各地的奇人異士。

在「神祕雜誌」創刊時期，已經認識了許多國內在「神祕學」、「ＵＦＯ」和「氣功」、「宗教」、「靈異」、「超能力」、「超心理學」方面相當有研究的名人，如呂應鐘先生、林 道先生、呂金虎先生、鄭大宇先生、余雪鴻先生、林宜學先生——而且，那時已經有兩個私人性質非正式的「CLUB」，一個是「超常現象研究小組」，一個是被我戲稱的「通靈人俱樂部」，前者成員就是前述列名的幾位，經常針對一些特殊的人事物進行探尋和研究討論。後者則經常在晚間不定期的在東區頂好商圈一家茶藝館聚會，交換一些靈異命理方面的心得，偶而也呼朋引伴開車到中南部各地去「訪尋高人」……

民國七十六間，經由呂應鐘先生的介紹，認識了一位號稱國內最知名的「超能力者」——『Ｓ先生』（考慮再三，還是姑隱其名），據說他不但擁有「ＥＳＰ超感應能力」，還有「ＰＫ念力致動」的特殊異能；一直到那時為止，我已經接觸過相當多擁有「ESP超感應能力」的人士，其中多屬宗教界方面的師父，有些是乩童，有些是通靈人，看多了，除了可以證明「ESP超感應能力」和「讀心術」的確實存在，而且還是非常普遍的，尤其是通靈人，或者「養小鬼」的，「讀心術」（開啟當事人記憶舊檔查閱資料）的能力幾乎就是基本功；所以，可以說是司空見慣了，但是，卻因為還一直未曾碰到一個真正有「PK念力致動」的特殊異能人士，所以一聽呂先生這樣說，當然是見獵心喜。

同樣是呼朋引伴，就在呂先生的府上，我第一次見到『S先生』，當天他表演了也是我生平第一次見到的「PK念力致動」，使用的是他自備購自日本的「念力開發器」，另一個則是我同年早一步製作出來的同型「念力開發器」，前者，經過他改良，上面的指示轉針，他改成了女性用的細髮夾，結果確實能夠「經由他發功指示」而轉動，並且能隨意順時鐘或逆時鐘方向轉動，後來又拿了一個指南針來實驗，他一樣能讓指南針逆轉或抖動……

後來，大家都成了興趣相投的好朋友，經常有些互動，不久，台大學生社團成立了「心靈社」，我和呂應鐘先生等幾位都受聘為顧問，『S先生』也是其中之一，我自己經常帶領社團同學外出去做各種田野調查，因為學生社團經費總是不足的，只要是我帶領的研究；所有費用都是由我支付的，而且，我也提供了不少書籍和器材贈送給這個社團（此外還有的就是「文化大學易學社」），甚至還幫他們找到經費贊助者。

有一次，『S先生』要在台大體育館表演他的「ＰＫ念力致動」的超能力，使用的是我製造並贈送的「念力開發器」，當時，我不但帶了專業相機，還架上了剛買的「VHS 攝錄影機」，準備同步攝錄影作為紀錄；

很熱的天氣，『S先生』還是一貫的西裝畢挺的上陣，因為記憶深刻，我到現在還記得他當天穿在西裝裡面的是一件寶藍色的襯衫；長袖沒有捲起來，只是些微拉高一點………

當他在講台的小小桌面上準備「念力開發器」並向全場同學介紹這是我生產製造的同時，我發現他的指針更換了，用的不是我為了防止磁鐵作弊或干擾而特別用薄鋁片剪裁出來的指針，而是又用了折曲成「W型」的鐵製髮夾時，我心中就有著很大的狐疑？

當他花了不少時間講述「ＰＫ念力致動」的原理，又東摸西弄的好一會兒，終於開始雙拳緊握的用力發功，越來越靠近「念力開發器」，而其中的髮夾指針也慢慢從抖動變成旋轉……順時鐘或逆時鐘都逐漸可以操控，但是，同時我也發現，轉動的方向和他的拳頭及雙臂是有著微妙互動關係的？

最要命的是，他在第二度重覆表演時，已經發功讓指針轉動階段，有個男同學，突然拿出一個「軍用指南針」飛快的塞過來，放在「念力開發器」旁邊不到5公分的地方，只見指南針中的磁針也是同時開始轉動，而方向竟然和「念力開發器」中的指針一致；『S先生』是猝不及防的，而那位同學反應更快，就說他是想測試一下『S先生』的「念力場」範圍有多大，會不會超過「念力開發器」？

看得出來，『S先生』笑得有點勉強。

這時，我眉頭一緊，心中已經是問號連連了；

就在成功致動，並且在同學們的如雷掌聲中，『S先生』用手帕擦了擦汗，仍然沒有脫掉西裝的打算，接著又宣佈要表演用念力發功讓時鐘停止的特異功能；而台大的同學早就不知道從那間辦公室拔下了一個直徑超過五十公分，厚達十幾公分的機械式大圓鐘，就是古典發條式的那種，黑框白底，在當時很常見的那種……

只見『S先生』走下講台，先把那個掛鐘放在連椅的小桌上，先是隔空握拳發功，做了好幾次，時針、分針、秒針統統不為所動，繼續正常運轉；最後『S先生』坐了下來，把大掛鐘抱住並放在膝蓋上，閉目一陣子，然後又是雙拳緊握的開始發功，大約一分多鐘之後，時針、分針、秒針竟然突然停止了，這時四周又響起了掌聲，『S先生』微笑著向大家回頭致意，接著又低頭繼續發功，一會兒，時針、分針、秒針竟然開始逆轉，幅度不大，大概只逆轉了1/5圈就不動了；這時掌聲更大了，而『S先生』也早就滿頭大汗，襯衫也濕了一大片………

但是，我卻興奮不起來，因為接觸過太多的江湖戲法、魔術和騙術，我早就不容易輕信任何有些微疑點的表演；

因為，整場表演，用到了兩種道具，加上台大同學臨時插進的指南針，這些都是剛好會受到磁鐵影響的物件，而且，我小時候因為好奇貪玩，就曾擁有好幾塊強力磁鐵，有拆解自腳踏車摩電燈發電器的，還有拆自大型喇叭中的，我非常了解那種磁力的強度和作用，假設我在身體某些部位藏一、兩塊那種強力磁鐵，像『S先生』所作的那些表演，我也一樣能做到。

最最讓我疑心大起的還是那個「念力開發器」，因為是我製作的，原本指針是薄鋁片，正是要防止磁力干擾或用磁鐵作弊的，『S先生』如果真的有「PK念力致動」的異能，他根本無需刻意更換我親自剪裁的薄鋁片指針，又何況換上的是「鐵製髮夾」，要想讓我不疑心也難，因為畢竟那個「念力開發器」是我親手製作組裝的，各項零件材質和作用，我當然是一清二楚的。

那場表演，我除了拍照，還有全程錄音存證，錄影帶現在還保存在我的櫃子裡；但是，這次的表演，我始終沒有報導，因為我不知道如何下筆；如果我故意隱藏有疑點的部份，那是不負責任的行為，不是我一向的作風，如果據實報導，又好像沒有什麼報導的價值，因為確實只要藏了磁鐵就能輕易做到啊？

往後有一段時間，跟『S先生』的互動比較少，我不知道那次表演之後，我沒有寫報導，他是不是很在意？

之後，有一天，林 道先生突然來電，說「華視新聞雜誌」節目要作一個「超能力」的專題報導，第一集就要採訪他，製作單位已經敲定時間會去他家裡採訪，問我有沒有興趣同時也做文字報導，這當然是我求之不得的機會，所以欣然同意前往……

採訪完畢之後，大家一起閒聊，製作單位希望我們提供有沒有其他不同領域和功力的「超能力異人」？

各說了幾個，製作單位聽到大多是氣功或者「感應能力」方面的，顯然不是很滿意，突然，他們先提到「聽說有位『S先生』有「PK念力致動」的異能」………

我和林　道先生都沉默了一陣，經過一再追問，不得已，只好說「認得是認得，但是，對他的能力了解不多」，原以為這樣含糊其詞就能脫身，沒想到製作小組非常渴望能採訪拍攝，畢竟那個比較有畫面；我們也就只好說出了『S先生』工作的地點，而製作小組當然不是省油的燈，大概很快就和『S先生』聯絡上，也獲得了他的首肯，願意接受採訪報導。

結果，很快的，我們就在當時由高信譚先生、陳月卿小姐主持的「華視新聞雜誌」節目看到第一集「林　道和陳明璋先生「ESP超感應能力」」的專訪，當時的外景主持人是「戴晨志先生」；

隔了一星期，同一時段，播出的果然是『S先生』的「PK念力致動」的異能專訪，表演的當然還是熟悉的「念力開發器」及「指南針」，但是，緊接著，林　道先生突然來電找我，因為「華視新聞雜誌」製作小組非常生氣的指責他推介的『S先生』涉嫌作弊，語氣中充滿怪罪，林 道先生一向非常愛惜羽毛，重視清譽，遭到這樣的委曲，他非常難過，並且要求我作證；於是，約出了製作小組的成員問明原委？

原來，製作小組一共專程南下兩次，第一次採訪拍攝『S先生』的「PK念力致動」時沒有發現異狀，當要求表演更多項目時，『S先生』卻以當天太耗能量，無法繼續表演為由婉拒，但是表示過幾天等能力恢復願意再次接受採訪，所以製作小組不得已只好約定第二度南下採訪……

而幾天後，節目播出的反應熱烈，收視率很高，製作小組又興沖沖的南下；

但是，這次卻意外出包，因為有製作小組成員發現『S先生』家中的佈置有些明顯變動，也許是出於職業的敏感和「攝影」必須的「眼尖條件」，有人先在牆邊發現了有非常細卻非常長的透明釣魚線，而且是用小小鐵環串連，環繞整個客廳，心中起疑，趁『S先生』不注意，暗中撥動，發現可以坐在沙發上，牽動距離3－4公尺外，神桌上的花瓶？？？這顯然是個機關！這位工作人員倒也沉得住氣，沒有立即張揚，只是靜觀其變的等待著……

果然，『S先生』準備好之後，第一個表演就是發功，遙控神桌上的花瓶，讓花瓶無風自動……

製作小組忍耐著還是沒有拆穿，結果『S先生』繼續表演的就是他最拿手「用念力讓時鐘停止和反轉」的節目，一連幾次都順利成功之際，突然製作小組幾位人員一使眼色，分工合作，把『S先生』腿上的大鐘一把搶過，強行檢查，果然發現在他膝蓋附近的褲管中藏著強力的磁鐵，旋即，又當場把牆面上的釣魚線牽動花瓶的機關也一併拆穿，這時『S先生』可以說當場傻眼，面如土色，根本無從抵賴，在被製作小組人員交相斥責之際，只能連連求饒，承認過錯，並且再三要求製作單位「高抬貴手」！

雖然，我們也非常驚訝，但是也並不完全意外，只是沒想到『S先生』的佈局這麼細密，連家中也處處有機關？？？

但是，我們當然也要強力申辯；因為『S先生』不是我們主動推薦的，甚至我們再三避而不談，反而是他們有自己的情資，早就聽聞有這號人物，他們自己主動提及詢問，而我們只是不得已，告知他服務單位所在而已，從頭到尾從來沒有推薦，只是我們那時也沒有『S先生』作弊的證據，又豈能隨意亂說？否則不只是不夠厚道，說不定還會招惹是非的。

製作小組聽完，想想我們說的也沒錯，當初我們一直沒有主動推薦甚至沒有主動提及『S先生』，確實是他們詢問之後，我們才提到他服務的單位，是他們自己找上門去的，跟我們毫無關係；於是氣消了，一再跟林 道先生致歉，倒是不吝再三大罵『S先生』，害他們勞師動眾，花不少經費，卻是一個騙局！

這時，我是百感交集，也說不出是什麼滋味，因為好不容易碰到一位號稱有「PK念力致動」的奇人，結果最後證明還是假的，而卻又間接證實我對『S先生』使用磁鐵作弊的疑心不是無的放矢。

這時，最關切的反而是不知道「華視新聞雜誌」節目又要如何善後？因為播出了第一、第二集都十分轟動，原本要打鐵趁熱播出最精彩第三集的，而且都已經一再預告了，這下要怎麼收拾呢？那時我和林 道先生真的是為那個節目捏一把冷汗？

當時我們也設想幾個可能：

第一、刪除疑點，正常播出，粉飾太平，但是，這是最不負責任的做法。

第二、直接拆穿，並且嚴詞抨擊『S先生』作弊的惡行。但是，這又有點像是在自打嘴巴。

第三、宣佈有所疑慮，所以不播出了。

最後，到了節目時段，主持人高信譚先生果然是宣佈了我們預想的第三個方案，也是最妥善的處理方式。

應該說最該慶幸的就是『S先生』，終於是逃過一劫，沒有因此身敗名裂。之後，我們跟『S先生』也就漸行漸遠，少有互動。（註：「華視新聞雜誌」的這幾集節目我都有側錄，錄影帶迄今仍保存。）

某年某月的某一天，我外出採訪，回來之後，內人告訴我：『S先生』來電，因為我不在，所以他跟內人聊了一陣，後來內人就把主要內容轉達給我；

原來『S先生』已經受邀加入「台大李嗣涔先生」的研究團隊，並且拿到正式的「專業教授」的聘書，他一向敬重我的研究和見多識廣，所以特別向李嗣涔先生推薦，希望能延攬我也加入研究團隊，而且待遇比照，一樣是有正式「專業教授」的聘書，請我務必加入云云。

他興沖沖的邀請我加入，是因為李嗣涔先生已經獲得陳履安先生的賞識和大力支持，並且獲得國科會的全力贊助，有大筆經費可以用來研究「氣功」和「超能力」（這點，我倒是早就風聞了，我起先也是樂觀其成的）。

我承認我有些心動，但是，只考慮了不到十分鐘就在心中否決了，並且跟內人表達了我的想法；因為：

第一，『S先生』聰明絕頂，閱人無數，他當然非常清楚我應該早就對他的那些把戲起了疑心，尤其原本我一直是每個月都會寄上雜誌贈送給他的，但是，那次他在台大體育館的表演我事後完全沒有報導，可見我是抱持極度懷疑的，而且，他應該也風聞「華視新聞雜誌」製作單位一定已經把他那次作弊被當場抓包的事告訴我了。

第二，不論如何，『S先生』也非常知曉我的斤兩，對我一向極為禮敬，而我也一直沒有趁機拆穿他的把戲，對他也算厚道，所以趁此機會，一來是借花獻佛，拿現成的頭銜相贈，目的大概有二，一來是暗謝，二來更可以讓我同乘一條船，對他也是多一層保障。

但是，我還是必須拒絕，因為，如果是別人代邀，我應該會欣然同意的，因為我當然希望能有機會參與這樣的研究，不但可以貢獻己長，也能由此學習一些科學研究的細節，這又正是我自認本身學文史者最弱的一環，而「頭銜」固然誘人，卻不是第一要務。但是，由『S先生』出面代邀，我就非常為難了，因為，我雖然對各種神祕現象興味盎然，從來未曾稍減，卻還是一本實事求是的堅持，從來不會穿鑿附會，加油添醋，胡搞一氣。即便我也一樣拼命想證實各種「超能力」的實存，有著很大的熱情，但是，也有著相當的冷靜，我覺得求真尚且不及，又豈能做假？如果明明是假的，卻故意當成真的，那樣的研究結果是毫無意義甚至有害的。

一直到現在，我必須承認；我始終不知道『S先生』究竟是已經在李嗣涔教授招兵買馬，極需用人之際，趁機推薦了我，也獲得李嗣涔教授的首肯認可，或者是『S先生』自己先斬後奏，主動先來測試一下我的意願？不過，以他敢以「專業教授」聘書相誘，顯然他應該是有相當把握的。

不過，我終究沒有答應，我的回應就是不回應，因為，那時我是一個非常不善於拒絕說「不」的性格，我非常害怕會被他說動而無法拒絕，所以，我就選擇不回電……

『S先生』果然絕頂聰明，他清楚知道我一向直來直往的脾氣，如果我有意願一定即刻回電的，如果等上幾天，我都沒有回電就是代表婉拒了。

我之所以會婉拒加入，正是因為我實在無法跟他共事，因為，如果在實驗過程中，我發現他又要把戲做假，那麼我是假裝不知道，連聲讚歎還是毫不留情的當場拆穿呢？又或者私下向李嗣涔先生揭發呢？以上三點我都做不到，尤其是第三點，從來不是我的作風，我從來不暗中作小動作的，又何況如果我是『S先生』推薦才加入的，我又如何能出爾反爾，倒打一釘耙的去拆穿他呢？就算說成是江湖道義，我這樣做也太不上道，太不夠意思了吧？

所以，我當然只能拒絕。

不過，我一面還是樂見其成，所以才會一再免費提供「ESP超感應訓練卡」和「PK念力開發器」給他們團隊，曾經有台大的學生來「神祕雜誌社」要購買「ESP超感應訓練卡」，一口氣要買10副，我一問原來是李嗣涔先生的研究團隊要用的，二話不說；我立即包了20副免費相贈。

但是，另一方面，我也不免有些憂心；因為有『S先生』加入這個團隊，那麼，研究成果恐怕很難全數為真了。

果不其然，李嗣涔先生後來陸續發表的一些研究成果，只要有『S先生』參與的，都是真真假假的，而當我後來知道連「高橋舞」也是他推薦給研究團隊時，我就已經直覺的感到「山雨欲來風滿樓」的後果了。

我不知道該說遺憾嗎？

對事不對人，如果是針對李嗣涔先生研究團隊的標的而言，我是相當遺憾的，如果當年不是『S先生』出面相邀，以我從和「台大心靈社」開始的淵源，如果我加入，即使沒有任何頭銜聘書，只是單純以客卿身份去協力，我敢說；以我在靈異研究和對各種江湖戲法、魔術方面的認知，「高橋舞」、「張　穎」、「孫儲琳」等等的一些把戲恐怕很難完全施展，也就不會演變成今天這樣的難堪後果。

但是，如果是針對「人」來說，我沒有什麼好遺憾或後悔的，如果當年我欣然受邀，不論獲得任何名利上的報酬，要我和光同塵，甚至『鄉愿行事』，落到今天這個結局，這才是我該感到萬分後悔的。

我很慶幸當年和現今一向的堅持；我也很坦然的面對今天這樣的將當年的祕辛公

諸於世，我認為我自己已經非常厚道了，隱忍這麼多年，我沒有揭穿任何事，沒有揭發任何人，對於『S先生』，我也一樣是仁至義盡了。所以，我仍然是姑隱其名，只談事不談人。

嗨！『S先生』！你是明白人，不用我多提醒，應該沒什麼好見怪的。如果還有見怪，那你真的就太說不過去了。

念力開發器

李嗣涔先生相信什麼？

1．相信「高橋舞」有兩個「信息場」的師父。

2．相信「物質的宇宙以及四種力場以外，這個世界還有一種「信息場」存在，也就是俗稱的「靈界」。」

3．「原來宗教裏所講的靈界是存在的！！！」

4．「原來宗教不只是信仰，它還含有對深層的真實世界的描述……」

5．「原來文化中的敬天畏神，附體顯靈是確有根據……」

6．「原來燒香拜佛是在尋求人天的和諧，……」

７．「原來人是具有身心靈三個層次，大部份的人只在身的層次度過一生，……」

８．「原來西方科學走向化約論的極致，把複雜事務不斷分解成愈來愈小的單位來研究，讓我們對微小的真實世界如原子，分子，夸克有了精確的了解。但是對於整體複雜現象之真實世界卻愈離愈遠，……」

９．「原來乩童起乩，燒香拜佛是更接近宏觀真實世界（靈界）的人生態度與行為，當我們批評他們迷信時，是我們自己更遠離了深層的真實世界，……」

１０．相信熟花生米會訴苦「我不舒服，我疼！」

１１．相信「紅豆」竟然聰明有靈性到可以清楚知道自己的名字叫『紅豆』，不是叫『綠豆』，而且還清楚聽得懂中國話的紅豆、綠豆之分。

１２．相信孫儲琳女士的「逆旋變」可以讓各種細胞的「返老還童」，甚至是「起死回生」。相信孫儲琳女士可以讓成熟的果子或煮熟、炸熟的豌豆、花生米甚至是煮熟４０分鐘的鵪鶉蛋在意識資訊場的作用下恢復生命活力的實驗。

１３．相信孫儲琳女士可以讓『煮熟蝦子』起死回生。

１４．相信孫儲琳女士可以用意念在硬幣上打洞。

15．相信孫儲琳女士可以用意念在晶片上刻劃出痕跡。
16．相信自己從台灣帶了可以證實「已經徹底死亡」的花生不但真的「復活」，而且還會發芽，並且可以種植並繁衍。
17．相信孫儲琳把花生『帶回去操作，隔天再帶來』的「起死回生逆旋變」實驗為真。
18．完全相信孫儲琳所說：「一顆給師父帶走了。」於是就常常「想像在宇宙的某處，有一位仙人手上拿著一顆花生，端詳著上面『我』的字跡」。
19．相信張穎女士有「隔空抓藥」治病的特異功能。
20．相信張穎女士變出來的藥「是佛送來的！」
21．相信高橋舞說：「我看到一道光下來，藥就從她手裡落下來了。」
22．相信高橋舞的師父說的：「龍在史前的地球上出現過，現在則是靈界的動物，還存在。」，而李教授的道士朋友W先生也透露：「龍」是信息場的動物，一般人通常看不見。
23．相信自己和受測試者發現了所謂的「神聖字彙」。

24．相信「經由手指識字實驗，發現宗教的神聖字彙產生異象，初步證實了信息場—也就是靈界—的存在」

25．相信「無色界和色界。這種雙重世界的宇宙觀，除了實有世界之外，還有一個虛空的世界」。

26．相信自己和受測試者發現了「連上信息場網站的要件」和「以神靈熟悉的文字連網」

27．相信「有這麼多位如來合作經營，照管著天上的藥園，總有一天會把眾生的身心都醫治好才對。」

28．相信「藥師琉璃光如來」曾發願「……眾生不管求福求慧，驅病離苦，消災延壽，都可如願」。

29．相信孫儲琳所說：「……她年輕時候……看過龍來佈雨……如果這是真的，千百年來「龍」的神祕傳說和牠的神性一下子都清楚了，牠是信息場動物，不受時間空間限制，可能具有呼風喚雨的本領。」

30．相信孫儲琳所說：「她在信息場有四位師父，常常在她打坐的時候來教她各式各樣的特異功能，比如把藥片從封閉的瓶內抖到瓶外的抖藥片功夫，就是她第一位師父某一天晚上告訴她訣竅，她一練就會了。」

３１．相信高橋舞的師父說的：「……由宇宙大爆炸或量子真空擾動所產生的，然後由上帝幫忙它發展，」李教授並因此認為「顯然物質宇宙的產生是後於神靈的產生。」

３２．相信高橋舞說的：「就在天眼裡看著師父與一位外星人對話，而外星人頭上果然有兩根天線，……」

３３．相信高橋舞說的：「……外星人發明的這個機器可以創造出任何物品」

３４．相信「太平天國」的洪秀全和楊秀清擁有「特異功能」。

「T小姐」真的通靈嗎？（上）

意念和語言上的破綻

人類使用的所有的語言和文字都是都是「表達意念」的工具。

在「尋訪諸神的網站」一書的第一二一頁最末一行，李嗣涔先生提到；我們很好奇「T小姐」的師父到底懂多少種語言，有一次我們使用「古代閃族」的文字請教「他」，「他」無法回答；我們問「T小姐」的師父：會說幾種語言？是在地球或外星輪迴時學的？還是想知道就會？

「T小姐」的師父答說：比你們知道的還要多，我也要學啊！

李嗣涔先生他們認為這樣的答覆「符合」他們原先的假說；密宗的聖者沒有學過漢文，在「信息場」也沒有學漢文，他們的「信息網站」就沒有漢文的網址……

同時，李嗣涔先生也提出疑問句：是不是具有物質生命曾學過不同的語言文字，回歸「信息場」就會帶著這些知識回去，生命是一種不斷學習的過程嗎？

關於「語言」這個問題；在同一頁的第四行；李嗣涔先生提到「T小姐」的師父經常使用英文回答問題，有時夾雜中文，偶而也會用日文，「並且」提到：這些都是「T小姐」常用的語言。因為「T小姐」在美國出生，父親是日本人，母親是中國人，她是日裔美國公民……

雖然李嗣涔先生在這本書中使用了「T小姐」來稱呼這個「神祕」的女孩子，但是，在此，她真正的身份卻呼之欲出了，我個人推敲後認為「T小姐」就是李嗣涔先生在「難以置信—科學家探尋神祕信息場」一書中提到的那個『高橋舞』，因為「高橋」這個日本姓氏的英文拼音正是「TAKA……」，不過是與否之間？重要性並不大。（筆者新註：事後證實所謂的「T小姐」確實就是『高橋舞』！）

我認為「T小姐」的師父說「他」懂很多語言；但是，我認為「他」應該不懂「法文」、「西班牙文」、「德文」、「俄文」、「印度文」、「泰文」等等，李嗣涔先生如果有興趣，不妨試試看？

我為什麼這麼有把握呢？

因為「T小姐」本身不懂，所以她的師父也就不會懂！

大概不用我再暗示了，因為從「語言」這個主題上，我幾乎就可以斷言「T小姐」並不『通靈』，容或她真的具有「手指識字」的特異功能，但是，她所表現出來；特別是『她和信息場師父溝通』的方式並不是一般所謂的『通靈』。

在我往昔長久的研究中，如果說一個真正的「通靈人」的通靈能力很高，但是，卻並不能完全通透的了解整個靈界的全貌和規則，這點我相信。

但是，如果說一個「通靈人」竟然不知道靈界最基本的現象，那個我是不能相信的。

因為「靈界」最基本的現象就是「不用語言溝通」，而是「完全用意念傳達」。

這種基本現象，連使用最民俗方式偶而有機會進入「靈界」的一般人，都能明確的感覺到這個現象；通常不論是神明、菩薩或者「靈界居民」在和「生靈」之間不是用語言交談，而是用「意念」直接傳達，或者說成是「心電感應」也差相近似，譬如進入「靈界」的「生靈」想要提出問題，只是心中想著，還沒有開口，對方已經完全知道了，同樣的，對方如果有回答或指示，也不用開口說話，「生靈」也能立刻感覺對方的完整意念。這些在我以前曾經寫進書裡，以及保留在錄音檔案上的「證據」不知凡幾？

同時，我所接觸過的「通靈人」，他們和靈界的神佛菩薩甚至某些「鬼靈」溝通，也不是使用語言，一樣是互相以「意念傳達」。

所以如果「T小姐」真的擁有「通靈」能力，不可能沒有發現這個特殊卻又是最基本的現象。

所以，也難怪她的「師父」會使用英文、中文、日文來跟她溝通，這並不是她「師父」為了方便讓她聽得懂，而是「T小姐」本身就只懂這幾種語言，她只能用這三種語言「代答」。

也所以，我推論了以下幾個可能：

一、「T小姐」並不「通靈」，根本沒有所謂的「信息場師父」。

二、「T小姐」誤以為自己「通靈」，其實那只是她自己的「潛意識」在作怪。

三、她不懂「靈界」的事情，甚至連最基本的知識都不足。

談到「意念」，我是一個長年的文字工作者，我當然非常明確的可以感覺到；心中的「意念」快過我說話的速度，說話的速度又快過我用筆寫字或者用電腦鍵盤KEY IN的速度，更重要的是「我筆寫我說，我口說我心」，但是，我使用的語言（中文母語或者台語）無法完全表達我真正心中的「意念」，我的筆無法把我慣用的語言和語氣表達的完全傳神，所以更不用說；想用文字把心中的「意念」表達的淋漓盡致了。

也因此，可見「意念」如果能直接傳達，那應該是最完整；最淋漓盡致的，而且不但速度最快，也不會因為一時措詞不當而造成誤解甚至誤會，同時「意念」也是最誠實的，因為語言、文字都可以修飾甚至造假欺瞞，但是，唯有「意念」無法造假欺瞞，這也是為什麼在「靈界」無法說謊欺瞞的真正原因，因為大家都是使用「意念」在溝通，這也是為什麼許多宗教會相信「因果報應，歷歷不爽」的真正原因，也是相信「輪迴法則」是最公平的真正原因。

所謂的「通靈人」有著不盡相同的「通靈方式」，也有不同的「功能領域」，還有三六九等之分，就是「通靈功力」的高下差別啦，而且還有「本靈通」和「他靈通」的分別；

一般來說；「通靈人」多以「他靈通」佔絕大部分，「本靈通」相當少見。

一、真正的「本靈通」都是相當高段的，在智慧和體悟方面都頗有可觀，甚至因為不斷精進而能超凡入聖。

二、但是，也有一些明明是「本靈通」，自己並不能清楚知道，還以為是在與「外靈」溝通。

三、此外也有一種看起來很像「本靈通」，並沒有「感覺到」任何「外靈」，只是心中自然會有些「感應」，會有些「有時準有時不準的預知能力」，但是，事實上卻是「確實有個隱形不肯現身」的「外靈」在作用中，不過，這通常只是一個相當於基本考驗的過渡期，當考驗通過或者時機成熟時，那個「外靈」也許就會現身。

四、還有一種，同樣是看起來像「本靈通」，其實只是潛意識在作怪，潛意識甚至會「自行創造外靈」，不過，這種人通常是自己以為「神準」，經常會口出狂言，胡亂預言，結果偶而瞎貓碰到死耗子猜中了甚麼，那更是不可一世，然而事實上，時間久了，也自然不會再被人重視而消聲匿跡。不過比較不幸的，如果一直狂亂下去，也容易變成精神病患。

在「他靈通」方面，如果是在論及功力高下的差別；當然是端看所「通」的「靈」，其修為和「靈力」的高低來決定，不過，事實上，那個（或那些）「外靈」其「靈力」、「智慧」的高低以及心性的善惡又和這個「通靈人」本身的智慧、認知的高低以及其本身心性的善惡有關，所謂「龍交龍、鳳交鳳，物以類聚」，以一般人而言，智慧、認知大多在中等階段，所以絕大多數「通靈人」也都在這個範圍中，也因此所「通」的「靈」也當然差不多是這個層級的，凡是會來和「通靈人」溝通；管人間閒事的，靈性層級都不會高到那裡去，甚至還有一些根本是靈性很低下的孤魂野鬼會冒充神明菩薩來「瞎扯」，趁機混點香火供品而已。

只有「本靈通」修行到很高，有大智慧，非常認知的人，才有可能和真正的「高靈」溝通。

以上這些，雖然屬於「靈界」的範疇，但是，事實上也只是一般常理，完全合乎人間邏輯的。為什麼呢？

預言大凸槌還硬拗的信息場師父

因為，「廣義的大靈界」是涵蓋包容整個陽世人間的，所以整個「大靈界」當然有完整的法則和邏輯，但是因為既然其中一小部份涵蓋包容了整個陽世人間，所以同時也擁有和陽世人間一樣的邏輯，所以對於「大靈界」其他複雜又不可思議的法則和邏輯，一般人不了解並沒有任何關係，但是，只要和人間有關的，用人間的邏輯去推論也同樣是八九不離十的，一點也不稀奇。

因此，關於「T小姐」是否真的擁有「通靈」能力？我們不妨再來看看「尋訪諸神的網站」一書第一八〇頁最後一行到一八一頁最後一行；

李嗣涔先生透過「T小姐」請她的師父開示：美伊第二次波灣戰爭會不會開打？

「T小姐」師父最先的回答是「不會」，直到二〇〇三年三月十九日開戰前一天，再請示；她那「信息場師父」還是說「不會」，結果三月二十日竟然開戰了，李嗣涔先生有點責怪的質問，並要求解釋？

她那「信息場師父」竟然回答說：「我看到的跟你們不一樣。」

李嗣涔先生說他們被這樣的回答搞迷糊了，我想不只是李嗣涔先生，相信任何人聽到這樣的答覆一樣也是滿頭霧水？什麼叫做「看到的不一樣」？

如果他真的能「預知」，他應該可以預言「會開戰」。

如果他沒有預知的能力，他應該老實回答：「我不知道」或者「我不能確定」。怎麼會先一再預言「不會開戰」，等確實開戰而證明他預言錯誤時，竟然說是因為「他」看到的不同？

想想，不正是因為人類沒有「預知」能力，才會試圖透過「通靈人」去問神或者李嗣涔先生所謂「信息場師父」嗎？一般正常人類何嘗能事先「看到」什麼？所以又怎麼會有什麼「我看到的跟你們不一樣。」這個問題呢？

其次，這個問題只有二個答案，各有二分之一答對的機會，然而事實上，大多數人，包括一些軍事觀察家或者時事評論家事先都預估「開戰」的機率非常高，至少超過了二分之一以上，所以，這樣說起來，一般人根據當時國際局勢的「預估能力」還準過「T小姐」那個「信息場師父」。那麼，那個「信息場師父」到底是何方神聖？他真的有比人類更厲害的「預知能力」嗎？

而預言「凸槌」之後，竟然會說：「我看到的跟你們不一樣。」，那他看到的究竟是如何的不一樣？怎麼不說出來給我們這些「渺小」的人類聽聽呢？

其實我也不用再浪費字句來「吐槽」他了。直接告訴大家事實真相吧：

「任何人、神、鬼都沒有『預知未來』的能力！」

所以，結果只有兩個可能：

一、「T小姐」那個「信息場師父」只是一個能力，認知都相當低級的靈，甚至只是孤魂野鬼而已，自不量力在那裡胡說八道，「好為人師」的又豈只是人而已，鬼也一樣啦。

二、「T小姐」根本不「通靈」，那個「信息場師父」只是她胡謅出來的，所以才會「預言凸槌」，然後又竟然不知道「任何人、神、鬼都沒有『預知未來』的能力！」

這個自然法則，以她淺薄的認知只好用「我看到的跟你們不一樣。」來推托。但是，還真的是很難自圓其說哩，而這麼不合理的說詞也還真的是一如其書名；的確會讓稍有判斷能力的讀者和社會大眾『難以置信』呢！

（筆者新註：在原書原文中，我暗示得非常含蓄，但是，如今我必須非常明確的說出真相：我非常肯定「高橋舞」根本不通靈，她的「信息場師父」那些說詞根本沒有任何證據足資證明，一個「高橋舞」空口說白話的內容，豈能用來證明什麼？又豈能用來證明「神佛和靈界」的確實存在？同樣的，包括孫儲琳也一樣，什麼一顆發芽的花生被她師父帶到外太空去了？那也只是沒有任何確切證明的信口開河而已，否則等人類的太空望遠鏡更發達一點，能夠傳回她師父正在外太空某星球觀賞「花生」的畫面，我們再相信不遲！）

「T小姐」真的通靈嗎？（下）
那關鍵的四十個問題

在「尋訪諸神的網站」一書的第四章，篇名是「與T小姐的師父對話」；這當然是「李嗣涔」先生透過「T小姐」以「通靈」的方式和她「信息場的師父」對談，由李嗣涔先生提問，而「信息場的師父」透過「T小姐」來代答；我仔細的統計了一下，李嗣涔先生一共提出了四十個不同領域的問題，其中有二十二題是「問答題」，有十八題是「選擇題」，所以大約各佔半數。

我曾經見過形形色色的「通靈」方式，神靈當然都是需要透過各種媒介來回答問題或者主動指示，所謂的媒介不外是「靈媒、乩童」的『人』，或者扶乩的沙盤等等的『物』，通常會有幾種回答的情形：

一、一問全答：當事人提出一個問題或者疑難，「神靈」透過中間媒介，一次全盤答覆。

二、不問全答：當事人還沒開口，「神靈」主動就把當事人的疑問和答覆一起說出來，或者當事人並沒提出任何問題，但是，「神靈」主動召喚他前去，提出指示或者告誡他某時期某件事要小心，甚或會當眾斥責他最近某種不當的行為，要他認錯改過。

三、一問一答：當事人提出的問題比較多，或者屬於不同對象不同領域的事務，「神靈」會以一問一答的方式逐一回覆。

不過，應該說不論任何方式，幾乎都是「問答題」的方式，極少極少的人會提「選擇題」讓「神靈」勾選一、二、三、四……的，除了有好幾個婚姻對象或者有好幾種生意、職業選擇，才會提出「選擇題」請求「神靈」作主。

所以，看到李嗣涔先生「與T小姐的師父對話」竟然有將近半數問題是以「選擇題」的方式讓「T小姐的師父」勾選一、二、三、四……這讓我相當納悶，而且這些可供勾選的答案都是由李嗣涔先生自訂的，難免會有出於主觀和不夠周沿的可能。以至於也就會出現「以上皆非」或者「T小姐的師父」不願回答甚至「無法回答」的情況。

我非常仔細的研究了一下這四十題的問與答，我個人認為其中疑竇重重？

其一、如果李嗣涔先生認為這算是一種「通靈」方式的話，我覺得這個實驗並不夠嚴謹，因為其中缺少了任何實驗都最重視的一個環節；那就是「驗證」。所謂「實驗」的原意不就是「實際試驗」和「反覆驗證」嗎？如果沒有任何「驗證」，如何確定是真是假？是對是錯呢？

打個比方；譬如把這四十題印製成考卷，交給一班五十人的學生來自由作答，不計分數，也沒有標準答案，只是想了解一下學生的主觀見解而已；那麼答案必定是形形色色，不一而足，也許未必全都能讓李嗣涔先生滿意，或者有出乎意料之外的答案，也可能有些學生會對某些問題填寫「不知道」，「沒想過」等等。但是，既然無法驗證對錯真假，那麼這些學生的答案；跟李嗣涔先生這樣透過「T小姐」和她「信息場的師父」對談問答的結果又有什麼不同呢？甚至於，某些學生的答案極可能竟然會和「T小姐」代答的答案非常近似哩。

其二、「手指識字」和「通靈」是兩回事，中間沒有必然關連性，幾乎所有的「通靈人」都不會「手指識字」，也不是非要經過「手指識字」這個特異功能的關卡才能「通靈」，當然，相對的，能夠「手指識字」的人未必就能「通靈」，也未必一定不能「通靈」。但是，我認為這其間是不可以「想當然耳」的，一樣必須先有所驗證，必須先證明「T小姐」具有「通靈」能力，才能透過她向她的「師父」提出問題。何況「通靈人」也未必一定有「靈界」（信息場）的師父可供諮詢（譬如有些「本靈通」的通靈人就沒有靈界師父）。

其三、要驗證「T小姐」是否真的具有「通靈」能力，其實一點也不難，因為不論是「本靈通」或者「他靈通」，最基本的能力就是「他心通」，也就是必定擁有「開啟他人舊檔」的能力，不論是能夠開啟全部或者只能開啟部份都算。但是，所謂「開啟他人舊檔」的能力；在驗證時，只能局限在他人「今生現在以前所發生過的事實」，包括一般人無法知曉和推測的個人隱私，什麼「前世因果」那些死無對證的事情是不可以用為實驗憑證的。簡單的說；如果「T小姐」真的通靈的話；她應該可以知道每個人過去發生的一些事。

T小姐和信息場師父都無法回答

我不知道為什麼李嗣涔先生沒有想到要驗證這麼重要的問題？或者李嗣涔先生因為非常相信「T小姐」，尤其是非常相信她「手指識字」的能力，所以當她表示她有兩個「信息場」的師父，李嗣涔先生就完全相信了，而並不認為「T小姐」非要具備「他心通」的能力才算「通靈」？可是，偏偏這正是問題的關鍵所在，因為「他心通」正是最基本的「意念溝通」能力，如果沒有這個能力，是無法和靈界溝通的，因為靈界任何高低層級的靈都是用「意念溝通」，而不是用具體的聲音。而且一旦具有「意念溝通」的能力時，自然就可以「看到」或者「開啟他人舊檔」。也因此這是一體兩面的能力，如果「T小姐」能和靈界的師父溝通，她一定擁有「開啟他人舊檔」，知道他人過去的能力，反之；如果她無法「開啟他人舊檔」，知道他人過去的能力，那麼她一定不『通靈』，當然也就不可能和靈界溝通，也不可能和「信息場師父」問答了。

在「尋訪諸神的網站」一書的第一一八頁，我找到了我認為和以上問題相關的問答；主題是李嗣涔先生透過「T小姐」和靈界的師父溝通，提出了幾個問題；

一是基督教中的「上帝」和佛教所講的那個層次相當？

二是「耶穌」相當佛教中那一層次的神靈？

三是老子說的「道」和基督教的「上帝」是同一件事，都是宇宙的創始者嗎？

但是，「T小姐」那位靈界的師父竟然全都以「I don’t like to say.」之類的回答避而不談，其實，問題是：

一、佛教沒有宇宙創始者這個觀念，當然不會認為有一個創始者「上帝」存在，佛教中倒是有個「帝釋天」，相當於道教的「玉皇大帝」，但也只是天界或者天庭的領袖，並不是宇宙天地的創始者。

二、雖然在新約聖經的四福音書中，耶穌曾經不只一次自稱的是上帝（神）的獨子，但是，在被拘捕釘上十字架前，他和門徒躲藏在森林中時卻是顯得非常害怕，甚至自己也懷疑他是不是「果真是」神的兒子?不過至少直到現今，同樣相信上帝的猶太教徒是不相信耶穌的，也所以不只他的身份受到質疑（甚至懷疑他是當時極不受歡迎的『奮銳黨』黨徒而已），連四福音書也被指稱是偽造的。如果他的身份尚無法證實（其實本來就無法證實，或許和洪秀全是一樣的）。所以，這問題本來就無解。

三、老子說的是：「人法地，地法天，天法道，道法自然。」，所以自然才是至高無上的存在，雖然老子也說：「道生一，一生二，二生三，三生萬物……」，但是，並非說「道」就是造物者，老子主張宇宙萬物是「無中生有，自然而然」的，而這也正是中國人一向將自然視為「造物主」或者「造化」，此外別無宇宙天地的創始者的真正原因。至於舊約聖經中所描述的「上帝」（神），那種擬人化的性格，反而比較像人類創造的虛擬角色。

上述三個問題當然很難回答，不過只是一般凡人很難回答而已，對於「T小姐」的靈界師父應該是不難回答的才對，但是，他卻避而不答，這是很難理解的。除非……被我不幸言中；

「T小姐」的靈界師父根本不存在，因為以「T小姐」日裔美國人的身份背景，只受過小學四年級程度的中文教育，和她目前二十出頭的年紀來推論，她怎麼會懂老子道德經中的精深理論呢？又怎麼懂得佛教沒有「宇宙創始者」這個觀念呢？又如何能加以比較呢？所以當然是想掰也掰不出來，與其答的牛頭不對馬嘴，還不如自己幫虛構的「靈界師父」說：「I don' t like to say.」。

在此，我真的是完全出於善意的建議李嗣涔先生：

其一、不論您如何相信「T小姐」（筆者新註：確實是「高橋舞」），也不論我個人如何質疑她的「通靈能力」；但是，如果您希望獲得的是真正來自「靈界」（信息場）的任何答案，我認為您最好，在「手指識字」以外，對「T小姐」另行作些驗證她「通靈」能力的實驗，因為唯有這樣才能證實她是否真的通靈？是否真的有靈界師父存在？或者不幸；那些竟然全是她胡謅出來的？又或者是她的潛意識在作怪，連她本身也不知道？但是，無論如何都會找出真正的答案吧？「真的」是答案，「假的」也是答案啊？我想這樣才是真正實驗求真的精神吧？

其二、不論要透過任何一位「通靈人」向靈界的「朋友」請教問題，最好請採用

「問答題」，這樣比較容易讓對方發揮而暢所欲言，如果採用「選擇題」，一來是答案已經隱含其中，誰都可以任意勾選。二來是容易侷限對方答案的範圍。此外，如果不善於回答「問答題」，只能回答「選擇題」的「靈」，那實在是不怎麼靈呢，如果問『他』太形而上的問題，不是含糊其詞就是索性亂選一通，弊多於利，徒增反效果。而且「選擇題」也不容易分辨出究竟是「靈」的答覆，還是「通靈人」自己潛意識的答覆。

附錄一：

（節錄自李嗣涔先生所著「難以置信－科學家探尋神祕信息場」一書第125頁至第137頁）

『－－－－人體潛能的開發

－－－－－個人在氣功研究有了初步成果之後，對於五四以來被斥為迷信落後的「舊文化」產生了敬意，面對祖先的智慧，多了謙卑之心。曾經被棄若敝屣的事物，焉知不是珍寶?以針灸為例，非要等歐美肯定它的價值，我們才敢亦步亦趨的跟進，多麼令人痛心啊!它原是我們祖先的成就，竟然要兜這麼大的圈子。有了心態上的調整，再來看歷史上記載的許多心電感應、特異功能事蹟，以及被歸諸鬼狐仙怪的故事，自有不同的領略。接觸了大陸在特異功能方面的研究文獻之後，深覺其中必有深意，不是怪力亂神一語可以搪塞，更可能是尚待探索和開發的人體潛能。當然若要深入了解就必須親自投入實驗。要進行這樣的實驗，第一個條件就是找到具備特異能力的功能人。

是否冥冥之中自有安排?連我都難以相信自己的好運氣。就在九三年夏天，透過石老師認識了十一歲的高橋舞小妹妹。高橋九歲的時候，她的母親看到日本電視台有關手指識字的報導，便讓她試一試，結果發現她竟然具有這個功能。她母親非常興奮，深覺難得而可貴，便每天讓她練習。第一次見面時，我就迫不及待的對她做測試。我先在一旁用不同顏色的筆寫了二十張紙條，然後任意抽取一張交給她。那天總共做了四次實驗，她正確的看到兩個字，失敗的兩次之中有一次是用膠帶把紙條包住，另一次則是沒戴上她戴慣了的布套，兩次都花了十多分鐘看不到而放棄，那時候不知道失敗的原因，不過百分之五十的正確率已經使我興奮不已，決定進一步深入探索。

於是在九三年十月第一次請她到台大電機館來，從九四年開始每年暑期她和母親回國省親的時候，便安排數天到台北做實驗。而我所設計的實驗內容，也隨著研究進展而逐步深入。

第一回的實驗是以存在性檢驗為主，也就是要確定她真的有手指識字的功能，所以觀察的重點在於認字及顏色的準確率。為了有效記錄實驗資料，每次實驗都請學生做紙上記錄，並以V8攝影機全程錄影。這是國內第一次有人把「特異功能」引人大學的研究室。

一九九四年暑假進行第二回實驗，觀察的重點在她「看」字條時手部溫度的變化，以及眼睛在手指識字過程中的作用。我用紅外線攝影機記錄手掌的溫度，並觀察手在黑布套裡觸摸紙條的動作。此外我又採取了請她戴眼罩或在暗室進行實驗的方式，希望了解眼睛在此功能中的作用。結果發現在「看」紙條的過程中，高橋小妹妹的手掌溫度下降是成功的條件之一。而她的手指在布套內不斷觸摸紙條的稜線，但是始終不曾打開紙條。手指看字既然是非眼視覺，為什麼還會有和視網膜神經一樣的色彩反應呢？我們以隔絕光源的方式測驗，結果在有燈光且不戴眼罩的情形下，五十三次顏色圖案的辨識均正確無誤。戴了眼罩之後，二十一次之中有四次顏色錯誤。在暗室進行的三次實驗，則是圖形正確而顏色全錯了。因此我們知道眼睛看到光線對手指辨識有作用，正常雙眼所看到的光是腦中屏幕的背景，蒙住眼睛或在暗室的時候，屏幕的背景也變暗了，色彩的辨認就變得困難。

（筆者註：「屏幕效應」從來沒有獲得科學上的證實，不論有無，都是屬於個人主觀感覺的範疇，根本無法客觀的經由實驗證實，就如同「冥想直觀」的過程，只能以「結果論」，沒有任何儀器或實驗可以找出過程的影像或數據證據，李嗣涔先生，經常引用到的「屏幕」一詞最早發源自中國大陸，而且他對於實驗環境光線黑暗或者戴上眼罩後，成績就會變差，甚至完全失敗的結果，都會以「屏幕」需要外在光源照射，跟肉眼是感覺物體反射光一樣；用這種說詞主觀的來解釋失敗原因，根本是不解強解，台灣各地許多通靈人或者乩童常常是在「矇眼」的情況下，正確「看到」當事人遠距離家人、居家環境或者當事人過去一些不為人知的隱私行為，通靈人或乩童都會以

「現景」一詞來解釋，跟外在光源明暗毫無關係。就算是「屏幕」也不需要外在光源，就如同我們晚上看電視，把電燈全部關閉，一樣可以收看電視節目而毫無影響。）

……九五年第三回實驗，除了繼續確認第二回的觀察結果之外，也試圖了解手指辨認紙上圖案之方向。我們把準備的紙條一端剪成尖形，然後固定從尖的一端開始捲招。由於高橋「看」字或圖案往往是一部分一部分逐漸出現的，所以由她「看」到的順序，比對紙張的方向，希望能知道她是從外向內或從內向外「看」。

第三、第四回實驗，我們在高橋的兩手手掌各貼一個電極，記錄兩手電壓差的變化情形，再和腦中屏幕出現的時間做對照，以探知手掌放電和屏幕出現的關係。

第四、第五回實驗期間，我們安排高橋小妹妹到榮總醫院，測量她在手指識字過程中，大腦血流速度的變化。

經過反覆測試我們可以肯定，高橋小妹妹進行手指識字的過程中，每當屏幕出現的時候，身體也會產生生理的變化。我們經由測量可以明確知道在屏幕出現之後，手掌便會出現電壓脈衝，最高可以達到三十毫伏特。而在榮總神經血管內科測量血流量的結果，發現高橋小妹妹用右手識字的話，屏幕出現時，中大腦和後大腦的動脈血流速度都下降百分之二十左右，表示大腦活動量減少。血流速度回升的時候，雙手便出現電壓脈衝，右手為正。但是如果她改用左手識字，則在屏幕出現時中大腦血流速度會上升約百分之二十，接著左手出現正電壓脈衝。所以我們雖然看不見她的屏幕，卻可以由生理變化的情形知道屏幕的出現。

當然大家最想知道的是手指如何「看』到紙條上的信息？根據實驗的結果，我們認為手指如眼睛一般，都是接收紙條反射出來的信號，因為我們曾經以透明紙寫字做為實驗樣本，結果高橋的屏幕背景變成黑色，顯然這是因為透明紙不反射的緣故，但是只要在透明紙底下墊一張白紙再一起摺疊，背景就恢復明亮。此外我們也在白紙上挖洞或貼上黑色膠帶，結果她看到的便是一個黑色的洞。這些實驗的結果使我們推論，手指識字的時候，大腦把紙張打開之後，是從正面看反射的訊號。

（筆者註：為什麼在「大膽假設」的同時，卻忘了「小心求證」的要求呢？為什麼完全沒有絲毫懷疑「作弊」這個重大問題呢？為什麼沒有想過；在黑暗中的實驗，經常會失敗，可能是「無法偷看作弊」導致的結果？為什麼沒有想過；假設是「作弊」，因為心理緊張一樣會造成手指電位差和腦波劇烈的波動啊？任何實驗如果沒有絲毫「懷疑」考量，不做任何預防和排除作弊可能的措施，那只是證明實驗主持者只想儘快獲得正面的成功結果，而漠視了任何「人為作弊」的可能，這樣的心態又如何能稱為客觀、科學呢？）

詮釋訊息

我們還發現高橋的大腦會根據原有的認知來詮釋紙條上的訊息。

譬如說：我們在紙條上寫「線』字的時候，把左邊「糸」字下面寫成了潦草的一挑，但是她卻看到三點。更有趣的是我們在九八年暑期所做的實驗。我們把紙張密封在方形的盒子裡，圖案面向下，請她先看到圖案，然後把手中的盒子順時針轉九十度。照理說，她既然看到圖案的正面，表示她是從底下往上看，這時候手中盒子順時針轉九十度，則從底下往上看的圖案應該逆時針轉九十度才對，可是她看到的卻是順時針轉了九十度的圖案。

（筆者註：高橋舞的中文程度不是很好，據李先生的說法是只大約具有小學四年級的程度，但是，這樣也已經足以認識不少中國字了，關於「寫「線』字的時候，把左邊「糸」字下面寫成了潦草的一挑，但是她卻看到三點」，為什麼完全沒有想過；她本來就認得「線」這個常用字，她本來就知道「糸」字下面是三點，所以也許她「偷看」時時間緊迫，知道紙條裡是個「線」字，但是，沒有看清楚三點省略潦草的變成一挑，所以「想當然耳」的寫成了「正確的三點」，這樣不也反證了那個並不是她在「屏幕」上看到的？否則她就應該把實際的寫法表示出來，也可見這項實驗是有很大疑竇的。）

多年的實驗固然讓我們了解不少事情，卻也引出許多問題，包括非眼視覺的機制，非眼視覺與生理變化的關係等，都有待深入研究。華陀再世的期待。

扁鵲工程的壯志

一九九六年四月我到北京潭柘寺參加中國人體科學研究院主辦的「特異現象物理

研討會』，中國大陸從事特異功能研究的科學人員幾乎全部到齊了。我因此有機會了解大陸各地研究特異功能的概況，知道他們在各地普遍性的開發兒童的特異能力，並且打出了「扁鵲工程」的口號，希望訓練出一批具備特異功能如透視人體、隔空搬運等的小孩，然後以正常管道施以醫學教育（當時在大陸由於制度的關係，醫生不是熱門的職業，醫科是容易可以考進去的），造就出和戰國時代的名醫扁鵲一樣：既可透視人體診病，又有醫學知識可以治療，甚至超越扁鵲，因為這些人可以隔空取出結石、膿瘤等，「扁鵲再世」似乎是可以期待的。這個「扁鵲工程」的壯志令我深受感動，也激起我的豪情，決定在台灣開發具有特異功能的小孩。

於是在當年七月，經佛武禪協會吉教授的協助，舉辦第一次的手指識字訓練班。由於時間有限，我的訓練班只能安排四天，每天三、四個小時。如今想來，我實在太幸運了，在毫無經驗的情況下第一次舉行訓練，竟然在第一天的第一個小時，就有了成果。有一位王小妹妹，在第三次試摸的時候出現了功能，並且在接下來的三天之中，達到手指識字正確率百分之六十以上的驚人成績。

手指識字的生理過程到底和觸覺有沒有關係呢？我們嘗試把摺疊好的紙條封入不

透光的底片盒子，請她握著盒子練習。起初什麼也「看』不到，經過四、五次的練習，逐漸可以看到矇朧的影像，訓練次數愈多她也看得愈清楚了。接著我們更進一步，在紙條外面先包鋁箔再放進底片盒，王小妹妹經過數天的練習之後就慢慢看得見了。

在鋁箔紙、底片盒的層層阻隔之下，大腦的感知能力仍然穿透重重障礙，在沒有光線的情況下把紙上的訊息取出，這是超越正常感覺之外的能力，好像腦中長了另一個眼睛一樣，所以我稱它「第三眼』。我相信「第三眼』的能力可以經過訓練而增強，因此預備逐步訓練它遙感的能力，就是不再用手觸摸紙條或盒子，直接用意識去感應信息。此外我們也開發她的念力，就是把感覺的能力由內向外作用，經過兩個月的訓練，王小妹妹成功的用念力折斷了底片盒裡的牙籤，也曾經把底片盒裡的鐵絲彎成立體三角形。

對於手指識字的運作機制，我在一開始的時候，猜想是觸覺，而後隨著實驗累積一路修正而提出「第三眼』的概念。這使我想起《西遊記》裡的二郎神楊戩，小說插畫總是在前額的地方畫一隻眼睛，表示他有看穿妖怪的能力。像孫悟空大鬧天宮的時候，一會兒變成小鳥，一會兒變成魚，又變土地廟，但是瞞得過眾多天兵天將，卻瞞不過二郎神，只因二郎神有照妖的第三眼。小說的情節活潑有趣，或許看來有點荒誕不經，可是二郎神的第三眼卻不折不扣是隻有透視能力的眼睛呢！

《西遊記》的主角孫悟空本身有七十二變，一個筋斗五百里，拔根毫毛可以化身數十，真是神通廣大。封神演義裡更是能人輩出，雷震子可以飛天，土行孫可以遁地，各式各樣的本領。這些被誇大、具象化的功能，不正是人類對於突破空間障礙的夢想嗎？小說中常有高人只要掐指一算便知過去未來，或感知遙遠的事和物，這種遊走於時間與空間的能力，是人類的夢想，也是千百年來修行的人希望達到的境界。或許這些不只是小說作者的幻想，而是有真實案例，但被誇大了的特異功能呢！

（筆者註：李先生既然把「手指識字」能力說成是「第三眼」，那麼，試問；「第三眼」需要外在光線照射才能發揮效果嗎？在黑暗中能否視物？如果不能，那麼孫悟空當時只要躲藏在黑暗的陰影中不就能夠逃脫二郎神的追捕？如果是不需要外在光線，在黑暗中一樣可以「視物」，那麼豈不是剛好自相矛盾的推翻了「屏幕需要外在光線照射」的見解？）

人體潛能訓練班

王小妹妹成功的案例給了我很大的鼓舞，連續幾年都在寒暑假舉辦人體潛能訓練班，成果不一。總計到目前為止參加過訓練班完成四天訓練的小朋友約有四十六人，其中有六人開發出手指識字的能力，比例是一成三，和大陸的二／四成相比顯然偏低。不過因為台灣的大環境不同，小孩子的活動太多，所以訓練的時間較短，成果較低應該是可以理解的。比較可惜的是已經開發出功能的小朋友，往往不知道珍視自己的特殊能力，大部分的家長亦無法體會其中的重大意義，因而不能持續練習。目前家長和小孩都願意配合持續保持功能不退化的只有王小妹妹和年僅九歲的陳小弟而已。陳小弟雖然年紀小，特異功能練習的時間也只有短短數月，但是功能很強大，潛力驚人。他「看』字的方武也很特殊，往往會看到紙條上寫的字形、顏色，就浮現在幫他記錄實驗過程的大哥哥臉上。等他的身心狀況和功能更為成熟之後，我們將進一步探索他的生理機制並培訓其他的功能。

無論是大陸的「特異功能誘發訓練班』或是台北的「人體潛能訓練班』，都證實了手指識字能力在兒童之中具有普遍性。換句話說，這項功能有可能是人類與生俱來的，只因為長久不用而荒廢退化了。所以只要稍加練習就可以恢復。除了手指識字之外，還有耳朵識字、腋下識字等等，似乎人體的感覺器官彼此可以互用，就如佛家說的六根轉換。我常想像人類找回此種六根互用的潛能之後，世界上將沒有聾、盲的缺憾，那該多麼美好！我也曾經提出這樣的假說，希望引起啟明啟聰教育工作者的興趣，針對特殊條件設計培訓的方法，或許可以開闢出一片天地。

（筆者註：這大概屬於千古奇譚；人類從有文字以來，「識字」從來是依靠視覺，沒有用手指的，盲人點字是非常晚近才發明的，至於像甲骨文和楔形文字是用雕刻的，容或在黑暗中，也可能可以憑觸覺摸出大致的意思，但是，畢竟「文字」從來不是完全靠手指來「認識」的，怎麼會有什麼「這項功能有可能是人類與生俱來的，只因為長久不用而荒廢退化了。所以只要稍加練習就可以恢復」？這種說法幾乎是急切到囫圇吞棗的想要證實「手指認字」的必然性了，竟然是出於一個長久受過科學教育的學者之口，真的是其可怪也歟？）

如果真能做到六根互用，到底是一種退化——回到細胞尚未做功能分化的原生物階段，還是一種進化——人類自我訓練突破生理限制？

「迷信」！「迷不信」！「迷都信」

據我所知，李嗣涔先生針對他所研究的「人體特異功能」，創造了一些相關的名詞，其中，有個相當有趣的名詞叫做「迷不信」，意指有不少人在親眼目睹「特異功能」的不可思議時，縱使找不到任何破綻，仍然抵死不信。李嗣涔先生在某次電視訪談中為這些人創了一個名詞：「迷不信」。

「迷不信」當然是相對於「迷信」的創新名詞，既然是名詞，就有必要確實加以分辨；

依據『辭彙』上的解釋：「迷信」是指：「不辨事理而妄加信仰」。

我個人覺得，這樣的解釋簡潔而容易明瞭，但是，最後那二個字—「信仰」如果換成「相信」或者「深信不疑」應該會更恰當，更周沿。因為「信仰」難免會讓人局限在宗教或者某個「主義」的小框框裡，而「相信」或者「深信不疑」就能涵蓋所有的事物了。

所以「迷信」是指「不辨事理而妄加相信」。而且「迷信」也絕不是專指「迷信宗教」而已，迷信科學萬能也是「迷信」，迷信金錢萬能也是「迷信」，迷信一個神棍是救世主也是「迷信」，迷信外星人會來拯救地球也是「迷信」，迷信一種主義可以解決人類所有問題也是「迷信」……

當然，李嗣涔教授創造這個「迷不信」的名詞肯定是針對那些「迷信科學萬能，明明親眼目睹了特異功能，找不到任何破綻，卻仍然抵死不信的『死硬派』」說的。其實，「迷信」和「迷不信」都太極端了，同樣會失去應有的客觀判斷能力，容易造成錯誤的結果，甚至害人害己，更或者嚴重到會傷害全人類。

受到李嗣涔先生這個「迷不信」名詞的啟發，我也創造了一個名詞：「迷都信」；我所謂的「迷都信」涵蓋了原本所有「迷信者」的全部，其中還涵蓋了一小部份「原本迷不信」的人。怎麼說呢？原本「迷信者」那一部份就不消多說了，我們針對的是「原本迷不信」的那一小部份人；

所謂「原本迷不信」的那些人，當然就是指『鐵齒銅牙槽』死不信邪的，明明證據確鑿擺在面前，或者有明確的實驗結果可以證明他原本的看法是錯的，他依舊是打死不相信，偏偏不肯承認。如果把範圍縮小到「科學界」，相信李嗣涔先生或許應該會感同身受的。

我不是學自然科學的，更不是學理工方面出身的，但是，以往長期從事「靈異報導」和「靈魂學」方面的研究，所遭到的質疑、非難、嘲笑甚至被譏為「鬼話連篇、無稽之談」的情形也絕非少數，差別只是沒有被譏為「偽科學」，因為我不是科學界的一員。

不過，很諷刺的是；科學界之中，許多堅信自己是絕對科學的，心態上往往正好是最不科學的，甚至早已經違反了「超然、客觀」的科學精神，一些主張和言論主觀、武斷到比一般人更不科學，而且這些人還往往會「物以類聚」的形成「威權團體」，在心態上跟中世紀為了維護『地心說』不惜大肆誅戮異己的羅馬教廷一模一樣；同樣是「順我昌，逆我亡」，凡是我說它是科學的，那就絕對是「科學」，凡是我說它是不科學的，那就百分之百是「不科學」。而這些人其實大多正是李嗣涔先生所說的那種「迷不信」的人。

不過，這種人之所以會如此，和他所學的專業關連性不大，即使他是科班學自然科學，學理工出身的，關連性也不大。而是和其人格特質有關，這是一種「偏執性格」，不論他是不是科學界的，都會表現出這種「偏執」，假設他從小接觸宗教，日後也可能會變成「宗教偏執狂」，如果他讀的是軍事方面，很可能日後有機會，也會變成「軍事狂人」……

不過，積個人多年之「實戰經驗」，對付這類「迷不信」的人物，我已經「久病成良醫」的練就一身好本領，很容易就能找出他們的罩門死穴，而且幾乎是是百發百中，例無虛發。

在詳細說明前，我想先提一個全世界知名的台灣「寶人」，不知道大家是否還記得幾年前；台灣出現了一個「飛碟教」，教主叫做「陳恆明」，宣稱接到上帝指示；世界末日即將到來，上帝會搭乘飛碟降臨地球來拯救世人，只要相信他（指教主「陳恆明」），願意虔誠追隨他、相信他的，就可以得救，而上帝將於某年某月某日搭飛碟降臨美國某處，屆時，上帝不但會現身在全世界人的面前，而且還會施展神通和全世界所有人一一握手……

結果，竟然還真的因此吸引了一大堆高級知識份子，變賣所有家產，扶老攜幼的追隨他前往美國準備搭上帝的飛碟前往天堂，那段時間還竟然吸引住全世界的媒體緊密關注，一大堆 SNG 車緊守在「陳恆明」指定的地點，等候飛碟降臨、上帝現身……結果當然是子虛烏有，鬧劇一場而已，還讓全世界在看一群愚蠢的「台灣人」在鬧笑話。（註：整個過程始末，我曾有專文批判詳述，篇名為「上帝沒有飛碟駕照」，已詳載於台灣 UFO 官方網站）。

鐵齒銅牙槽者的致命死穴

我想說的重點不是「陳恆明」，而是那些追隨他想上天堂的一大堆高級知識份子，其中許多竟然是學科學搞理工的博士、碩士，可不是一般村夫愚婦哦？為什麼會這樣呢？難道連受過這麼高等教育，本身又是科學界的人士，也竟然那麼缺乏判斷能力嗎？竟然會相信這麼荒誕不經，連一般尋常百姓，販夫走卒都不會相信的「卡通童話」呢？

事實上，還真的是如此；這正是我想說的主題；一些原本自命科學「迷不信」，甚至是那種『鐵齒銅牙槽』死不信邪的人，如何會在一夕之間全然改觀，變成「迷都信」的一派。

正因為這類人都或多或少有著偏執的人格特質，一旦相信某事，就會變成「死硬派」的一路相信到底，腦筋是直進直出的單行道，不會轉彎和倒車的。所以，這個表面上看起來很難扭轉的「牛性」，其實剛好正是他們最致命的罩門死穴，只要看準了穴位，快、狠、準的猛力一點，他馬上就全身軟癱，任憑擺佈（好像功夫明星李連杰主演的武打片『龍吻』一樣，「龍吻」是片中創出的一個死穴名稱，一旦被點中，就會七孔噴血，必死無疑）。

還有更絕的就是；俗話說：「牛就是牛，牽到北京還是牛」，不過，重點是要想讓他不會一直是牛，那就千萬別用『牽』的，因為這種人還有一種怪癖－「牽著不肯走，騎著倒肯走」，所以，必要的時候，用騎的效果更好。

前面說過，我從事「靈異報導」和「靈魂學」研究二十多年，總是會碰到許許多多的質疑、非難，在一些應邀公開演講或者聚會應酬的場合，以及後來有了自己的網站之後，最容易碰到一些「迷不信」的人，但是，如果單純只是態度、語言上表現「不信」的，我都不會有任何回應，因為我又不是在傳教。甚至碰到那種要求「你如果能當場證明XX存在，我就相信你！」的人。我通常也都是笑著回答：「哦！千萬別信我，因為信我也不會得永生的！」，這種人只要四兩撥千斤就可以打發，反正我也不是收費表演的魔術師，沒有表演的義務。

可是如果是應邀到大學或更高的學術機構去演講時，特別是擺明就是物理、生化等等科技研究單位，我一向是「沒有三兩三，焉敢上梁山？」，胸有成竹的恭候「賜教」。於是，最常看到的場面就是一大群斜眼睨視、身體後仰，下巴比鼻尖突出，雙手環抱胸前的男男女女，那種肢體語言，再熟悉不過了，在在都在傳達「我根本不相信你！」

沒關係！長久以來，我已經非常嚴苛的把自己訓練到在演講開場的十分鐘以內，就要讓這些人改變肢體語言，至少會把雙手鬆開，眼睛睜大，甚至身體前傾，嘴巴微張……

在此，我還要提一個非常重要的人物，也是我非常尊敬的老師；就是已故知名的漫畫家『牛哥』先生，雖然，他為人四海，交友廣闊，不論男女老少總是叫他『牛哥』，但是，我從來不敢這樣沒大沒小，一向尊稱他「李老師」（『牛哥』先生本姓「李」），因為不論歲數上，學養上，閱歷上，他都長我許多，特別是，我雖然沒有跟從他學過漫畫，每次見面都是在「酒罈」邊。但是，也不知道為什麼？他總是對我青眼有加，特別照顧？不只是經常教我一些江湖門道和告訴我一些聞所未聞的江湖祕辛，同時還破例的把他珍藏已久，用來寫名著「賭國仇城」、「情報販子」時重要參考資料的一本祕笈借我帶回去影印。那本祕笈大約只有一個PDA的大小，厚度也相仿，非常古舊，沒有書名，但內容就全是「江湖祕術」，是他自己一向非常珍視的「寶物」。因為他只告訴我；這不是公開出版販賣的書籍，而是在清末民初時代；某些江湖門派私下流通用的，而且必須拜師發誓才能得到的，他沒說明怎麼得到的，不過以他和三教九流人物、不論江湖中人或者情治單位的人士都有交往的情形看來，必然是從很特別的管道獲得的，既然已經破例「借」我一窺祕密，我也就不好再「不識相」的追問來處了。

雖然在這之前，我從小接觸的環境和過人的好奇心，讓我已經懂得不少「江湖門道」、「法術」和「魔術」甚至是「宗教騙術」，但是，在看到這本「祕笈」的內容時，卻還是讓我又驚又喜，因為版本和內容實在真的很奇特，字非常小，字與字和行與行之間印的非常緊密，幾乎沒有空隙；必須很認真很貼近的才能看清楚，所以就算旁邊有人想「偷窺」也幾乎不可能，當然最重要的就是內容；真的如同「李老師」事先告訴我的，以前民智未開那個時代，大多數人受教育不多又比較迷信法術之類的，所以任何人只要學會這「祕笈」其中的二、三樣，練熟了，就足以出去闖蕩江湖混個豐衣足食，絕不成問題，如果全部學會，也可以收徒弟當祖師；靠門下徒子徒孫的孝敬而吃喝不盡了。

事實上也果真如此，其中有很多江湖門道和術士慣用的法術（其實是魔術戲法，但是，有許多是很奇特的中藥或草藥甚至某些乾燥後的動物器官，不是一般化學魔術，反而更像巫術），還有各個門道的「切口」（暗語），最讓我興奮的就是有不少從小就聽聞或親眼目睹卻一直百思不得其解的「法術」，在這「祕笈」中都找到了破解，終於恍然大悟；原來如此。不過，其中有些「法術」也很奇特，連這「祕笈」作者也無法解釋，只知道照著正確的手法和過程這麼做就會有驚人的效果，卻怎麼也想不通為什麼會這樣？

關於這點，事後，我請教過「李老師」，他也雙手一攤，表示一樣想不通？同時，除了「祕笈」，「李老師」也根據他闖蕩江湖，走遍大江南北；見多識廣的過人閱歷，口授心傳的教了我一些「真正想不通」的「祕術」，甚至直到如今還是一樣不知道為什麼？？？就算不只一次表演給親近又有興趣研究的朋友看，他們也一樣是百思不解？？？也不得不令人感歎「天下之大，真的是無奇不有」。（後來，我也想過；「李老師」之所以特別會把「祕笈」和一些「祕術」傳授給我，大概也是看準了我的古靈精怪，比其他人更有興趣深入研究，對我真的會大有幫助吧？）

所以，這些「法術」、「祕術」可以說有真有假，有的有解有的無解，一旦必要時，我會視現場狀況和對象的不同；奇正相輔，交互運用，凡是遇上那種『鐵齒銅牙槽』死不信邪的人，從來是「小李飛刀，例無虛發」，包管讓他或者他們目瞪口呆，倒抽一口冷氣，傻在當場。以前有機會參加各種文藝聚會，只要是幾天行程的旅遊，知道我懂些「門道」的朋友總是喜歡起鬨央著我露一手當茶餘飯後的餘興，年輕時我也有點愛現，總是能把大家唬的一楞一楞的，尤其那時我一直在從事「靈異報導」，披上這層嚇人的外衣，再玩點「百思不解」所以根本不會有破綻的「祕術」；也自然更加令人毛骨悚然，這之後我要說些什麼，就算是一些文藝圈裡的名家也只有洗耳恭聽的份。

至於一些科學界的人也一樣，『鐵齒銅牙槽』死不信邪是嗎？沒關係，我看得見「罩門死穴」，只要狠狠一擊，先快速又徹底的摧毀他原本的「防護罩」；就是他一直以為萬能的科學，讓他敲破腦袋也想不出「為什麼」之後，他的信心就會在瞬間瓦解，然後態度就會突然180度大轉變，從原來的「迷不信」變成了「迷都信」，這時不管我說什麼，只要是他原先不曾接觸不曾聽聞的任何靈異現象或者神祕事件，他幾乎都會相信，或者至少不敢再「鐵齒嘴硬」了。

我在李嗣涔先生相關的著作《難以置信I科學家探尋神祕信息場》一書的序文中（附錄一），看到李嗣涔先生的一些「崩解」後再重新建立的觀點，這種過程和結果

真的不只是「似曾相識」而已，卻是非常熟悉的，我仔細的找尋蛛絲馬跡，我用心的思索；然後我有些迷惘了，難道李嗣涔先生也開始改變想法了嗎？

附錄一、

『1999年8月26日一次偶然的測試——————————大量的數據逼使我們承認，除了物質的宇宙以及四種力場以外，這個世界還有一種「信息場」存在，也就是俗稱的「靈界」。經過關鍵字的聯繫，具有透視功能的小朋友就可以與信息場溝通。

我原有的世界體系剎時崩解了……

「原來宗教裏所講的靈界是存在的！！！」

「原來宗教不只是信仰，它還含有對深層的真實世界的描述……」

「原來文化中的敬天畏神，附體顯靈是確有根據……」

「原來燒香拜佛是在尋求人天的和諧，……」

「原來人是具有身心靈三個層次，大部份的人只在身的層次度過一生，……」

「原來西方科學走向化約論的極致，把複雜事務不斷分解成愈來愈小的單位來研究，讓我們對微小的真實世界如原子，分子，夸克有了精確的了解。但是對於整體複雜現象之真實世界卻愈離愈遠，……」

「原來乩童起乩，燒香拜佛是更接近宏觀真實世界（－靈界）的人生態度與行為，當我們批評他們迷信時，是我們自己更遠離了深層的真實世界，……」』（本文引用自張老師文化出版，李嗣涔先生所著《難以置信I科學家探尋神祕信息場》一書序文）

「預知未來」和時間之謎

一九九九年世界末日荒唐大預言

在《尋訪諸神的網站》一書的第八章，篇名就是「預知未來」；

為了證明人類確實有「預知能力」，在該書第一七〇頁，李教授提到了那個歷史上非常著名的大預言家—十六世紀的法國人「諾查丹瑪斯」（Nostradamus），因為他以晦澀難懂的「詩體」來預言，時間是從他生長的十六世紀，直到世界末日。「諾查丹瑪斯」的「預言詩集」其中對西方的預言較多，對東方的預言較少，其中有準有不準，但是也有許多是後人穿鑿附會的。其實把他的「預言詩集」拿來當成「猜謎」

玩玩，還真有點意思，因為我二、三十年前就看過了，我那時非常好奇的只有他預言「一九九九年惡魔大王會從天而降，大地將燃燒成為灰燼，因此將是世界末日的最終時刻」，當時我「不信」多過於「相信」，我並不相信一九九九年會「世界末日」，只是猜測或許會發生第三次世界大戰或者影響大多數世人的大災變，結果，那一年沒太嚴重到動搖全世界的大事發生，世界也沒有末日。

「諾查丹瑪斯」的「預言詩集」還出現幾個問題；

一、他預言的事件並不照著時間排序，所以很難在事先破解，往往要等到事後才能在其中找到印證。

二、對西方的預言較多，對東方的預言較少。

三、他在書中預言；然後被後世之人在事後「印證」的許多只是小事，而許多「天大」的事反而無法在書中找到任何蛛絲馬跡，甚至想牽強附會一番也不可得。

然而，平心而論；任何「預言」如果不能照時間順序排列，也沒有標明正確的發生時間和地點，那根本只是一堆廢話，因為沒有時間地點，必然不可能讓看到的人在事前「預先知道」，這樣怎能叫做「預言」呢？「諾查丹瑪斯」寫這本「預言詩集」

並廣為流傳的目的又何在呢?只是為了證明自己很「行」而已嗎?

因為他是以晦澀難懂的「詩體」來預言，事先很難破解，往往要等到事後才能找到印證，這種「事後諸葛亮」的結果可以說毫無實質助益，而且必定有許多穿鑿附會的結論跑出來。

他之所以對西方的預言較多，對東方的預言較少，那是因為十六世紀時對東方還不是太熟悉，但是，即便如此，一個「預言家」應該有本事穿越時空的，這是必備條件，否則如何能「預言」世界大事呢?結果從十九世紀，英法聯軍和八國聯軍攻北京，二十世紀的太平洋戰爭，兩顆原子彈爆炸，接著的韓戰、越戰、以至差點暴發核子大戰的美蘇兩大強權間的明爭暗鬥，甚至中東地區一直沒有停歇過的烽火戰亂，都是發生在亞洲的東方世界，但是「諾查丹瑪斯」並沒有預言，如果他真的是可以穿越時空的「大預言家」，不可能忽略或者沒看到這麼重要的大事。反而預言了一個大錯特錯的「一九九九年世界末日」的荒唐結論。

更扯的是，一堆「事後諸葛亮，事前豬一樣」的好事之徒，竟然還能「狗尾續貂」的在他的「預言詩集」中找到二〇〇一年『911』美國紐約雙子星大廈遭到恐怖攻擊的「預言」。那就更是荒天下之大唐了，因為連「預言」的當事人「諾查丹瑪斯」都已經明明白白的把這本「預言詩集」確定的在一九九九年劃下了句點，世界已經末日了，又豈會還有後續的預言？

其實如果非要要用「事後諸葛亮」逆推的方式來找出有關世界大事的「預言」，用中國的「唐詩三百首」也可以，我相信一樣可以穿鑿附會出很多「預言」的。

李教授曾試圖透過「T小姐」的師父連上「諾查丹瑪斯」在「信息場」（靈界）的網站，結果一直連不上，請教「T小姐」的師父，師父回答說：「哈哈哈，問他吧！」

其實，我看問也是白問；因為「諾查丹瑪斯」對「一九九九年世界末日」的錯誤預言『大破功』一事必定耿耿於懷，根本沒「預料」到一九九九年之後居然地球上還有人類會試圖跟他「搭訕」，他只怕正羞的無地自容，又怎麼肯接受「訪問」呢？

在該書第一七五頁至一七九頁中：李教授認為「信息場」的世界中似乎沒有時間的限制，過去、現在與未來同時存在，因此信息場的靈體可以看到宇宙的未來。並且認為「由量子力學的概念來看，人的自由意志與預知未來並不牴觸」。所以，他透過「T小姐」請師父開示：您的世界有時間存在嗎？

師父回答說：「對我而言沒有限制。」因此，李教授認為「T小姐」的師父所處的信息場中，是不受時間侷限，可以同時看到我們的過去，現在及未來……

關於「時間」這個問題上，根據我個人在這方面的研究，以及長期對「靈界」方面的蒐證；「靈界」（或者李教授所說的「信息場」）確實沒有「時間」，或者說那些生活在靈界的「靈體」確實不受時間的侷限（我手上有很多這方面的具體證據，都是由於我非常專注在有關「時間」的研究，特意一再追問，包括進入靈界的人以及請教靈界「居民」所蒐集到的）。但是，即便生活在靈界的「靈體」確實不受時間的侷限，卻並不能「預知」未來或者「同時看到過去，現在及未來」。

「現在」只是一個主觀假設的名詞

關於這點；我是長期和人間高靈的L君不停的在探討，長途電話一打就是二、三小時，最高紀錄是從半夜十二點談到清晨六點，主題只有一個，就是「時間和預知未來」。

為了方便說明，我暫時把範圍縮小到「線性空間」之內，並且用比喻的方式來解釋：

如果把「時間」看成一條單線的鐵路，上面有一列火車向前行駛之中，只能前行不能後退，人類都是這列火車上的乘客，假設火車速度非常慢，沒有任何車站，所以火車並不停車，但是所有乘客可以隨時上、下車，上車代表「出生」，下車代表「死亡」，坐在車廂中的經歷不論長短，代表一生悲歡離合等等的生命歷程。

而「靈界」的「靈」並不坐在這列火車上，他們不是乘客，卻能「隨時」從「外面」觀看這列火車前進和旅客上下車的情形，但是，他們的能力只能看到火車已經經過和曾經發生的事情，如果他們越過火車，以超過火車的速度跑到（或飛到）火車前方五百或一千公尺的遠處，他們將看不到火車，只能看到鐵軌，所以當然看不到火車逐漸駛過來這段過程中，這列火車上發生了什麼事？當然也不能「預知」火車尚未經過的路程中，還會發生什麼事，也不會知道還有那些人會上車、下車？

所以，「靈界」的「靈」，不論能力大小，智慧高低，頂多只能看到「過去」和「現在」，而無法看到「未來」，那條「鐵路」只是一個承載時間的平台，時間是火車，只是在這平台上不停的往前滑動，在尚未經過的路段，沒有人、神、鬼可以預先看到火車和在火車車廂中發生的事，但是，每個車廂中都有無數台「監視器」，人類不知道監視器的存在，也無法隨意調閱這些監視器不停拍攝到的過往紀錄，但是，「靈界」的「靈」卻可以，隨能力大小，智慧高低，有些可以看到全部，有些只能看到部份。但是，無論如何，也只能看到已經發生的「過去舊檔」，卻不能看到或者完全「預言未來」，因為既然是「未來」，就代表「還沒有來」和「尚未發生」，而既然「尚未發生」，誰能事先看到呢？

頂多頂多，也只能根據經驗和智慧的累積推測「未來」最大的可能罷了，還通常未必準確。而且事實上，嚴格來說，所謂的『時間』只是不停滑動在鐵軌上的火車，只有「過去」的經過，「未來」是在現在之前根本還不存在的，甚至於也沒有真實的『現在』，所謂的『現在』只是人類主觀假設的一個名詞而已，無法言說，也無法準確界定形容。

對於「預知未來」，我曾在不久前，幫施寄青女士新著「看神聽鬼」一書寫序，因為主題是談「通靈人」，所以內中也談及了有關「通靈人」是否有「預知」能力的問題，為了不想再花時間重寫贅述，所以節錄重點如下，以供參考，只要把其中「通靈人」這個名詞代換成「靈」或者所謂的「信息場師父」，答案也完全相同，不會改變的：

『……施寄青這本著作談的主題既然是「通靈人」，許多人最好奇或者深信不疑的就是通靈人的預知能力，但是，以我個人的經驗和認知，我不認為那是「預知」，頂多只是「預測」；而且，任何人、鬼或者高靈，又或者神、佛、菩薩，都不可能擁有「預知」能力的，頂多只是擁有「開啟全部舊檔」的能力，能將過去說的絲毫不差，或者只是比凡人站得高一些，看得遠一些而已。

以人而言，其實答案或者證明很簡單，只用一句耳熟能詳的成語就可以解答：那就是「事在人為」，「事」必須有人「為」之，才會存在，人若不為，事又焉在？……』

平常心，小結論：

一、未來是無法準確「預知」的，任何人、神、鬼都沒有那個本事。

二、凡是發生了任何天災人禍之後，如果有任何人，不論他是什麼大師、師父、通靈人等等，告訴大家：「其實我早就預見了，只是因為某種原因（通常是『天機不可洩漏』），所以沒有事先說出來而已。」那麼，他百分之百是在說謊，從無例外。

三、任何大師、師父、通靈人如果為你「預言」未來的命運，不論他的名聲多麼響亮，別人如何誇讚他的神準，或者他對你的過去說的如何準確，他對你未來的預言也只能作為參考而已，千萬不可照單全收，深信不疑，因為絕不可能百分之百準確的。

四、凡是某個地點發生了重大事故，譬如命案，譬如劉邦友血案，龍井鄉斷頭分屍案，才捧著羅盤去看風水，那些東說大凶，西說有煞的術士，都是「事後諸葛亮」而已，至於事前嘛，呵呵呵呵……

小心「花生鬼」在肚子裡作怪！

一戳孫儲琳的「鬼話」

被「李嗣涔」先生讚譽有加，甚至快被他捧成廿一世紀「新超人」的大陸特異功能者—孫儲琳女士，在『人民報』上有她自己執筆所寫的一篇文章，題目是「萬物有靈—植物有意識」

我先節錄其中非常「驚悚恐怖」的一小段：

『……根據我在過去五年來與各方面的專家及研究者所進行的用意識與植物溝通，調控植物生長的約 180 餘次實驗和演示，我堅信人在進入某種功能態後確實可以與植物溝通，相互交流資訊，植物是「有意識有感情的」，人的意識場和某種資訊源可以極大地影響植物的生長發育，改變植物生長發育的方向、速率和途徑，如快速催開花蕾，使各類種子瞬間發芽、長葉子，在狀態特別好時，在離體不接觸的情況下，甚至還能 使炸熟或煮熟的各類種子，「起死回生」或「返老還童」。這些驚人的事實不但使在場的人感到驚奇，我自己也非常興奮和激動，事情是通過我做的，我有責任將我自己在實驗時的點滴體驗說出來，供大家研究時參考。我認為公開和研究其中的奧秘，必定會對人類認識自己、認識生命的真締和認識宇宙的奧秘起促進作用，還可能造福於人類。

花生向我傾訴他的痛苦：

「我不舒服，我疼」一個姓楊的朋友，他拿來了兩個樣品，他告訴我裏面一共是八顆花生米，其中四顆是煮的，四顆是生的，全封在信封裏面，外面寫上了「這是四顆熟花生米，煮了40分鐘，無物理作用，無化學作用」，拿著信封我就開始感覺，總覺得不對勁，可能由於緊張，不熟悉，所以當時未做出來。回到學校裏，第二天我和它溝通的時候，花生米就開始說話了：「我不舒服，我疼！」，我問你怎麼不舒服，怎麼疼！？從天目中一看，原來花生米內穿了一根細細的銅絲。

這是這位朋友為了防止樣品調包而特意做的標記，事先對我是保密的。我看出來了，而痛苦的感覺是花生向我傾訴的。這次實驗由於花生的過於痛苦和一些其他原因沒有將實驗再做下去。

——————

——————』

如果孫儲琳女士說的是真話；那麼不只是人死了之後「有鬼」是千真萬確的了，連「花生米」或者其他植物死了之後也「有鬼」。因為煮了40分鐘之後的花生米，在常理中，肯定是「熟透了」，可以吃了，甚至已經是相當軟綿可口了，更直接的說：「這顆花生米根本已經死了」。但是，孫儲琳竟然還能聽得到這顆被煮熟死掉的花生米「訴苦」；說：「我不舒服，我疼！」，那就真的是非常「驚悚恐怖」的事件了。甚至比日本一向最擅長猛灑狗血的恐怖片「咒怨」、「鬼水怪談」還要「驚悚恐怖」千百倍，想想：

一、「花生米」不但生前有和人類一樣的知覺，死後還有「花生鬼」會「講話」訴苦。

二、這顆花生米內穿了一根細細的銅絲，如果是被煮熟之前穿過去的，那麼，被煮熟死亡之後居然還是會「感覺到」疼痛不舒服。那人類可就真的非常悲哀了，一個生前如果有任何病痛，或者是意外造成身體支離破碎，血肉模糊的死者，死後變成鬼，還是要忍受「肉體」的痛苦，真不知道這樣的「肉體痛苦」要到何時才能結束呢？譬如就拿這顆「煮熟的花生米」來說吧；是要在自然狀態下完全腐爛，還原成為分子元素狀態之後才會不再痛苦？或者是要等到被人吃下肚子消化完畢，變成糞便排出體外之後才會不再痛苦？更或者「花生米鬼魂不滅」，永永遠遠都要承受這種「身體被銅絲穿透」的痛苦？

三、如果這顆花生米是被煮熟之後才被銅絲穿過去的，那可就更加恐怖了，因為連「煮熟死掉」的花生米，居然還能感覺到疼痛不舒服，那麼以後全世界的人類，不管你吃的是五香花生米、油炸花生米、甚至是大導演吳念真先生推薦的那種「電腦煮」的花生仁罐頭，每咬一口，都要小心「花生鬼」呼天搶地的大聲哀號了。而且，如果不論嚼的再細碎，「花生鬼」還是有知覺的話，那麼就算吞下肚去也不保險，因為萬一「花生鬼」死不瞑目，這一大堆「花生鬼」在肚子裡造反作怪，那豈不是要叫119送醫急救？不知道急診室的醫生最後會不會在病因上填寫「花生鬼作怪」的字句？更或者這麼「驚悚恐怖」的事，找醫生也束手無策，還得找和尚尼姑來超度，或者去江西龍虎山專程請張天師來作法收妖呢？嗯！對了，我看找出家人來超度也鐵定不管用，因為他們一向吃素，不管黃豆、花生鐵定吃了一大堆，搞不好自己肚子裡也有「花生鬼」正在造反作怪，鬼哭神號之中，還需要別人來急救呢？

再者；如果「花生米」煮熟死後還會訴苦，那孫儲琳這項驚人的大發現，必定要害得全球億萬的出家人還有吃素的在家居士統統餓死了，因為；

這些人吃素是為了避免「殺生」，而不願殺生是因為不願因此而招來果報，理由是所有「動物」都是有知覺的，在被殺時會因為痛苦而心生怨恨，死後會想要對殺牠們和吃牠們的人報復，因此會形成「怨怨相報，無有了時」的因果，所以他們認為植物比較低等，沒有知覺和靈性，因而食之無妨。

這下可糟了，因為孫儲琳這項驚人的大發現；原來連煮熟死掉的「花生米」竟然還會訴苦喊痛，那麼依照她所說『植物是有意識有感情的』，那必定是和所有動物一樣；在被殺被煮時會因為痛苦而心生怨恨，死後會想要對殺牠們和吃牠們的人報復，因此也一樣會形成「怨怨相報，無有了時」的因果。那麼原本為了不願殺生而吃素的人，這下子可慘了，竟然連所有植物也不能吃了，因為，像「花生米」之類的植物竟然比動物肉類還可怕，煮熟之後嚼在嘴裡，吃進肚裡，都還會「訴苦喊痛」，出家人喝口豆漿，必定是滿嘴哀號，吞口米飯，粒粒皆痛哭……那可怎麼辦？

只有活活餓死吧！

切！切！切！

這是我一生聽聞過最荒唐不過的「鬼話」，如果，這種「鬼話」也能當真，也能信之不疑，這世界上大概也沒有什麼不能信了。

如果我說對了，那孫儲琳就是不折不扣的「超級大騙子」！

如果我說錯了，孫儲琳如果確實有這個能力，那麼她就是坐在比「上帝」更上面那個更萬能的「上帝」！

孫儲琳啊孫儲琳！妳根本不懂「生死」，妳根本不懂「靈魂學」，妳甚至連最粗淺的民間「鬼神輪迴」之說（即使那只是千百年來以訛傳訛，即使那也是假的）都完全不懂，才敢編出這麼荒謬的「鬼話」啊？給妳一個良心的建議，妳有空還是多少讀點書好不好？因為妳其實也只缺那麼一點點……妳缺的那個東西，我們一般人稱之為「常識」。

其實，這個問題根本不用什麼「因果輪迴」、「靈魂學」或者高深的「物理學」才能想得通，一般人只要用最簡單的「常識」就可以戳破她的謊言。

李嗣涔先生啊！李嗣涔先生！你不是一向秉持「科學研究精神」的嗎？不知道孫儲琳這個「偉大的發現」曾否讓你思考過『死掉的花生米究竟有沒有鬼？』的問題呢？你有沒有興趣公開針對這個問題為社會大眾釋疑一下呢？

附錄一：

（節錄自李嗣涔先生所著「難以置信I 科學家探尋神祕信息場」一書第137頁至第149頁）

一九九五年我向台大申報輪休，一方面鬆弛身心，儲備再投入的能量，一方面也利用這個機會想在特異功能的研究方面找到一個突破點。

（筆者註：筆者早於一九九二年就已經進入大陸，正式接觸及觀察研究大陸的幾位「特異功能人士」，有V8錄影帶全程存證，結論卻是非常失望，除了一些「硬氣功表演」沒有做假的可能性，其他所有被宣稱為「人體特異功能」的表演，沒有任何一項是真的，包括「藥丸穿瓶」、「發火燃燒衣物」、「意念移物隔空傳送」、「念力扭曲和折斷湯匙」等等全部是假的，筆者統統有錄影證據。可以說進入大陸、接觸特異功能人士，發現騙局的時間都比李先生要早。）

——到了秋天，九月的時候，我趁著休假陪侍家母到大陸探訪親友，在北京大約有一個星期的逗留。——朱祕書婉轉表示見張先生有所不便。我當然有點失望，不過還是把資料給他，請教一些問題。大概我的名片和論文令他相信我是誠意的研究人員，不是瞎起鬨的，所以考慮了一下告訴我：；坦樣吧！我給您介紹一位比張寶勝還厲害的功能人，不過這會兒找得到找不到，就說不準了。』他當即打了一通電話，向對方介紹我來自台灣……等等，約好當天下午我就過去。「運氣不壞！』他說：「今天沈教授和功能人都在。平時找他們不容易。』

我衷心感謝他，素不相識，他大可不理我的，卻這　熱心的幫忙。一方面心中也感到狐疑，在台灣只聽說張寶勝功能高強，怎麼又有一個比他更厲害的呢？

當天下午我依約找到了地質大學，見到從事人體科學研究的沈今川教授和「比張寶勝還厲害』的人物孫儲琳女士。原來地質大學人員在文革時下了武漢，沈教授就在武漢開始和孫女士的合作研究。

我們彼此交換意見之後，沈教授把他們以往做過的實驗成果和錄影帶給我看。其中每一項實驗都叫我目瞪口呆，有突破空間障礙、意識生物工程（讓種子發芽長根之類）……等，簡直匪夷所思。當時我自己在人體特異功能的研究，只有初步的心電感應和手指識字而已，沒想到特異功能可以有這　複雜而驚人的作用，更沒想到會有一個人同時具備這麼多樣化的功能。張寶勝的祕書所言不虛，孫女士確實了不起。

（筆者註：只看到一些不能確定真假的書面資料，就認定「孫女士確實了不起」，有了這樣先入為主的觀念，難道不會影響爾後實驗的客觀性嗎？）

原來孫女士小時候就有透視力，偶爾會看到奶奶家藏在地下的罈子；上課的時候會看到隔壁班老師上課的情形。不過在文革期間上山下鄉，特異功能並沒有進展，直到一九七九年唐雨熱潮的時候，孫女士經過試驗，發現自己也具備耳朵識字和透視人體的功能。於是同濟醫科大學和中國人民解放軍醫院都邀請她擔任保健醫師，用特異功能透視病人身體。後來又回地質學院圖書館工作，直到一九八七年，地質大學批准成立人體科學研究所，由沈今川教授領導，孫女士也被調到研究所。孫女士為了恢復並加強自己的能力以配合研究，每天練功數小時，很快的恢復了原有的功力，並且不斷的自我訓練，開發新功能。有時候也觀摩別人的表演，自己琢磨苦練，終於掌握了六十項功能，每一項功能都挑戰著現有的物理和生物知識。

這次會面使我對人體特異功能的認知跨前一大步，明確的知道各種特殊能力是可以自行訓練開發的，而且即使是特異能力也不能違背自然法則。例如孫女士在做種子發芽的實驗過程中，發現要催豆類發芽比較容易，可是催發小麥種子卻不成功，試驗多次小麥都沒反應。

後來請教農業專家，才知道小麥要先長根後出芽，孫女士於是先請小麥種子「長根、長根』，然後再發芽，果然就成功了。這個例子也告訴我們，只靠特異功能則威力有限，要配合知識才能發揮如虎添翼的功效。

（筆者註：在後段的文章中，描述「孫女士」可以聽見植物說話，甚至連死掉的花生都會向她訴苦，那麼為什麼小麥種子沒有像紅豆一樣對著她大喊：「錯了！錯了！我們小麥是要先長根後出芽的——」，為什麼她反而還要去請教農業專家才會知道呢？那麼跟後面所說「花生、紅豆」會跟她說話訴苦一事，豈不是自相矛盾，自打嘴巴？而李先生難道從頭到尾，甚至直到 2011 年的今天也還沒看出這個矛盾嗎？）

離開地質大學的時候，我心情激動，幾乎在馬路上奔跑歡呼起來。因為我看到了人體科學研究這一片遼闊的遠景，有多少物理、醫學、生物、演化……的課題等著被突破！人家說見獵心喜，從事科學研究的人也是這樣，發現了新的研究課題，又高興又心急，更難以相信自己的運氣！由於張寶勝先生的祕書朱敏先生熱心介紹，我又碰巧在今天找上門，而得以和大陸的研究人員認識，創造日後合作研究的機會，有高功能人士的協助，相信可以進行很多突破性的實驗。

（筆者註：作任何研究都是需要無比熱情，甚至是狂熱的，但是，很難做到卻又務必做到的就是「非常的冷靜」，否則徒有「狂熱」而「冷靜不足」時，往往只會壞事，最可能的就是自以為成功的實驗或者發現，卻可能會被發現其中是有嚴重瑕疵的，最後終究是失敗收場。）

——我才能夠在一九九六年四月參加中國人體科學研究院於北京近郊潭柘寺舉行的「特異現象物理研討會」。本來這是人體科學研究院的內部會議，主要是為日後研究路線定調，卻大方的容納我這個「外人」參加，由於大陸從事人體科學研究的科學家幾乎全員到齊，我因此有幸認識天南地北的朋友，有遠自雲南、內蒙古、遼寧……等地來的，北京、上海更不用說了，看到這　多人堅持投入人體科學研究，深深感覺「吾道不孤」的喜悅，也警惕到自己要更加努力，不能讓台灣科學界在錢學森所說「可能導致一場比二十世紀初的量子力學、相對論更大的科學革命」中缺席。

意念鑽洞

地質大學人體科學研究所的助理研究員孫儲琳女士也參與了這次盛會，並且在會中做了三項實驗。第一項是隔空遙感，我們任選一張測試手指識字的紙條，她可以在十五公尺遠的地方「看」到紙條的內容。當時我心頭一震，隨即想到所謂「手指識字」，其實可能不是「手指」在看，手指只是一個媒介，一旦能力被誘發，則不用手指觸摸也一樣。所以後來回台訓練小朋友手指識字成功之後，便逐步增加難度，把紙條放進盒子裡，果然在反覆練習以後獲得成功。雖然知道與觸覺無關，但是真正作用的機制是什麼，至今仍無定論。

（筆者註：既然如此；那麼為什麼李先生對「高橋舞」進行了十多年以上的實驗，她始終還是要用手指強力觸摸才能「識字」呢？為什麼她始終不能進步到「隔空遙感」呢？為什麼沒有想到她會不會是需要用手指打開紙條「偷看」才能成功呢？）

第二項實驗是意念打洞，我提供一枚台灣的十元硬幣，孫女士握在手中以意念操作，不到十分鐘就在硬幣上打了一個小洞，幾乎把硬幣打穿。我帶回台灣之後，在實驗室測量出小孔的直徑為一・一毫米。於是找來一毫米的細鑽頭，嘗試在另一個硬幣上打洞，沒想到榔頭一敲，鑽頭卻折斷了，只有尖端卡在硬幣上。根據孫女士的敘述，她用意念在硬幣上打洞的過程如下：

首先要放空入靜，感覺好像在另一個時空的狀態，這時候前面會出現一個螢幕，螢幕上有一個握著硬幣的拳頭，接著拳頭消失，出現硬幣。起初影像並不穩定，等它慢慢清晰以後，集中意念打孔。打孔的意念集中到某個程度，屏幕上便出現一根透明的，像水晶般的六稜棒，感覺它好像非常堅硬。打孔的意念堅持增強，六稜棒的一端突然彈出一支圓尖，以脈沖方式「通」一聲在硬幣上打出一個洞來。打洞的時候，腦部會感到一陣撞擊，好像屏幕快被震碎了。這時候打開手掌，硬幣上已經打了個洞。

（筆者註：李先生能以優異的成績畢業於國內外名校，又能當上台大校長，智商肯定是非常高的；可是為什麼完全沒有想到「如果孫女士能夠擁有以意念在金屬硬幣上鑽孔打洞的本事」，難道就不能在敵國的飛彈或者敵國首腦的腦袋上打洞嗎？那麼她豈不是早就成了中國大陸解放軍的絕對機密，也是最可怕的武器，又豈會讓她四處趴趴走還任意表演呢？此外，李先生是學電機工程的，應該知道用機器或雷射在一個金屬硬幣上鑽孔打洞，是需要多大能量的，那麼一個人的意念有可能儲藏著這麼大的能量嗎？）

另外一項實驗是以念力催發小麥種子。這項實驗花了兩小時又二十分鐘，有攝影機全程拍攝。實驗的時候孫女士以意念和小麥溝通，有時候用手掌對著小麥種子，好像在對它發功的樣子，有時候用手指觸摸種子，就這樣反覆進行了兩個多小時，總共讓小麥種子長芽三公分，長根一．五公分。在正常情況下小麥種子大約要一星期才能長到相同的程度。

（筆者註：又出現自相矛盾了，在這裡，孫女士突然又能跟小麥種子溝通了，那麼之前的實驗，小麥怎麼沒有在溝通中告訴她「要先長根再發芽」的事呢？）

這次大會前後共五天，由於大家吃、住都在潭柘寺，所以除了正式開會和實驗之外，還有很多時間可以廣泛的交流和討論。我也因此知道大陸推動「扁鵲工程」的狀況。期間也討論到穿壁現象，並嘗試以物理理論來詮釋這種現象。北京首都師大物理系教授耿天明認為穿壁（如藥片穿出藥瓶）是宏觀量子穿隧效應。另一位物理學家劉易成教授——他是中國第一顆人造衛星發射軌道的計算者——則傾向採取多態空間的解釋。也就是說有一個第四度空間和我們的三度空間相通，功能人把藥片提升進入第四度空間，移出瓶外再放回三度空間。我自己也有一個可能的假說，是藥片或藥瓶形成了宏觀的量子波。做此假說的原因是雖然有許多成功的藥片或晶體穿透玻璃瓶壁的實驗，甚至可以把活的榆樹金花蟲穿壁而出，仍然存活數天，但是這些成功的實驗有一個共同條件，就是容器必須有縫、小孔、或是有蓋子。完全密合無縫的容器中目標物無法移出。這種現象很像超流體氦的爬壁現象，是氦形成宏觀量子能階及波色——愛因斯坦凝態後的現象。如果我們能把固體質量中心的熱擾動速度下降到一定的程度，整個物體便可化為物質波動，穿透孔隙移出瓶外。但是一旦孔隙封閉，量子波無法穿透瓶子本身晶格內原子間的空隙，因此無法「突破空間障礙」。這也解釋了到目前為止雖然可以拍攝到藥片或膠卷穿瓶而出的過程，卻無法使實驗結果停留在互相嵌合的狀態。

（筆者註：這點正是所有能夠表演「藥丸穿瓶」者的不能處，從來沒有一個能讓任何相機或攝影機拍攝到「停留在互相嵌合的狀態」，為什麼？理論上如果這個特異功能為真，穿越並互相崁合的過程是必然的，不論時間多麼短暫，不用擔心，現在連一般數位相機都有每分鐘連拍一千張的能耐，而專業的高速攝影機更不用說，連子彈射穿水球的瞬間鏡頭都能完全捕捉，怎麼可能拍攝不到呢？以我自己拍攝過的「藥丸穿瓶」過程；一把藥丸是暗藏在手心中再去拿藥瓶的，筆者不想以偏概全，但是，相機攝影機都拍攝不到的可能性，當然比較傾向「因為是假的」啊？至於李先生所說「但是這些成功的實驗有一個共同條件，就是容器必須有縫、小孔、或是有蓋子。完全密合無縫的容器中目標物無法移出。」，這又是有點在替他人自圓其說的感覺，如果真的是可以「穿越」，跟有沒有縫隙毫無關係，就如同說自己可以有「穿越牆壁」的異能，卻又說牆壁上一定要有門或窗才能成功一樣可笑。）

以上各種解釋或假設，都有待更精密的實驗來證明，目前仍無定論。

——此次大會讓我見到了慕名已久的諸位先驅，他們的大名和論文常常出現在《人體科學季刊》上，是人體科學研究領域的開拓者。在山林古寺之間談論特異功能，加上孫女士的實際操作，真令人以為是古代隱士仙人再世。

（筆者註：這樣先入為主，大為歎服的心態，要想不影響實驗的客觀性也難，也就難怪之後，讓孫女士把花生帶回家去做的實驗，李先生也能接受並認可，甚至發表為正式論文了。）

——由於沈教授告知四月份訪問馬來西亞的時候，孫女士曾經在十二分鐘內使一粒市售的香酥花生返生，並長出了十公分，成為有兩片葉子的花生樹。因此我也準備了花生和豌豆，以進行種子發芽的實驗。另外還設計了測量意念打洞時壓力大小的實驗，以及在小尺寸金屬箔上刻痕或打洞的意識微雕實驗。這些實驗從九七年八月開始持續至今，我也每年大約兩次專程到北京，進行不同方式的實驗，希望能逐步了解各種功能的運作內涵。

附錄二：

生物意識工程—花生「起死回生」

（節錄自李嗣涔先生所著「難以置信－科學家探尋神祕信息場」一書第149頁至第158頁）

「我從台北帶去的花生在八月二十八日下午三點二十一分打開第一包，試做發芽實驗。經過四十分鐘左右的努力，沒有成功。孫女士表示花生內部分子在旋轉，但是旁邊供應不及，好像受過傷，這些花生應該是去年的。

（筆者評註：花生內部到底有沒有旋轉，相信李先生是看不到也拍攝不到的，純粹是孫女士用嘴巴說的，不知道這樣能證明什麼？）

第二天下午拆開第二包花生，孫女士選了一粒，我在花生上寫了「2C李」的字樣，開始做發芽實驗，幾分鐘之後在盤子裡加水，大約過了一刻鐘，只見孫女士手指不停的撥動花生，嘴巴也頻頻吹氣，到了四點十八分的時候，已經有一毫米左右的芽出現。孫女士表示這顆花生感覺是被處理過的。休息片刻之後繼續，孫女士拿一個沒寫字的小花生放進盤子裡，並且加了一點礦泉水，同時處理兩個花生。只見她不停的深呼吸，吹氣，好像很累的樣子。到了五點五分左右，又見她不停的吹氣，再看看小花生，已經長出將近三毫米的小芽。

（筆者評註：既然是以「意念」催芽，為什麼要「用到手不停的撥動」？而且第二顆小花生沒有簽字，焉知沒有中途被調包？）

同年十一月第四屆中國人體科學大會在北京召開，我再赴北京，除了參加大會之外，也繼續和沈教授、孫女士進行實驗。十一月十七日下午仍然嘗試花生發芽，由我帶去的花生中取出五粒，劉易成教授在表面分別寫了「台」「大」「李」「司」「涔」五個字，然後交給孫女士。從下午四點二十三分開始，經過兩小時的努力都沒有結果，於是我提議先去吃飯。孫女士拿「司」「涔」兩粒花生放在燒杯裡帶著，邊吃飯邊感應。回到實驗室以後，在杯子裡加水，又開始實驗。只見她一再嘆氣，始終無法成功。於是在八點三十分動身回家，她還是把兩顆花生帶著。我們在八點四十二分坐上計程車，四十八分的時候她說：「感應到了！」隨即在三分鐘之內「司」字花生已明顯出芽，我們一下車便捧著花生，直奔沈教授的辦公室去攝影存證，並量得芽長四毫米。

（筆者評註：計程車應該不算是一個正式的實驗場所吧？為什麼在實驗室裡不能成功？在計程車裡反而成功了，其中難道沒有任何蹊蹺嗎？有沒有可能在實驗室中大家眾目睽睽之下不容易動手腳，在計程車上，相信大家都不會一直注意她，應該說根本沒有人會臆想到「花生」在這時會有什麼變化；因此，才會突然宣佈「花生發芽了」呢？）

十一月二十一日我們大膽挑戰生物意識工程的極限，試圖以意識調控讓花生「起死回生」。功能人以意識調控植物種子快速發芽的實驗已有數年的發展，實驗成功的例子極多，其中不可思議的是功能人可以將煮熟或炸熟的花生或青脆豆返生發芽。經過煮、炸將細胞破壞殆盡的種子如何能夠返生發芽呢？一個可能性是煮、炸的時候，花生和青豆的細胞並未完全死亡，所以如果經過正常培育，仍有可能靠殘存的活細胞發芽。為了釐清意識「起死回生」的確實性，我們設計了把花生細胞完全破壞而死亡的程序，並用對照組的正常培育程序來證實花生的確無法發芽。然後請功能人做實驗，看看是否能使花生起死回生？

我請台大農藝系的郭教授幫忙，將台南十一號品種的花生種子數百粒放在乾燥器中，裡面放置磷酸鈣的飽和溶液，以保持相對濕度百分之九十五，並且把乾燥器置於攝氏三十度的恆溫箱，三十天以後取出。從其中任選一百粒作對照組發芽實驗兩次，以一個星期的發芽率為實驗結果，結果兩次發芽率都是零，因此我們定義這批花生為「死亡」。我們於是從剩餘的花生中任選三十粒為實驗組，以鋁箔袋抽真空密封帶到北京。

實驗前當場拆封，取出五粒花生，我用油性簽字筆在皮上簽名並做記號，然後交由孫女士用意念調控，使其返生發芽。孫女士在小盤中加水浸泡花生，並以手指按住花生，以意念促其返生。可能看我在花生皮上簽字畫押，她告訴我：「要保留這些字和記號的話，皮就不要返生，只讓裡面返生。因為皮一返生，字跡就會消失了。」這可把我聽得一愣一愣的，丈二金剛摸不著腦袋。不論如何，實驗開始之後三十七分鐘，我便看到了「奇蹟」：有一粒花生已經返生並且長出雪白的嫩芽二．八公分，但是花生的皮仍是死亡的深褐色，我的簽字和記號仍清晰存在。由於同一批花生對照組的發芽率是零，所以這一顆花生的返生抽芽已經足以確認意識調控花生起死回生的事實。

（筆者評註：如果孫女士真的是使用她所謂「逆旋變」的方式，應該就是指時間倒流回「花生」還『活著』的時段，那時，花生皮上還沒簽字，所以「返老還童」或者「起死回生」之後，字跡會消失，這樣是說得通也是必然的結果，如果「時間倒流」之後，上面竟然有簽字，那才是完全不合理的。但是，後面的實驗卻又自相矛盾的，「花生返生發芽」之後竟然還是保留了李先生的簽字，可見：這根本是個前後矛盾的謊話。）

我們知道花生死亡的時候，表示細胞的蛋白質、酵素或DNA等分子解離和變形。

而讓花生「起死回生」表示被破壞的分子又恢復了原狀。這是什麼原理呢？我們可以用大型熱力學系統中的隱變數來解釋。加溫破壞花生的分子結構使其死亡，就相當於一個複雜熱力系統向亂度增加的方向移動，而根據熱力學第二定律增熵原理，這個分子體系只會愈來愈亂，不會回頭。但是卻有實驗顯示，如果分子間還有依存關係（隱變數）未被完全破壞，就有可能把外界的驅動力反向，讓分子順著隱變數所聯繫的關係回頭，整個系統就會回復到亂度較低的原始狀態。因此我們推測，功能人以意識調控讓花生內部分子由外向內呈螺旋狀旋轉的逆旋變（註），就是把加溫驅使分子解離的過程反轉，有如時光倒流一般，花生便由死返生了。於是我們有必要重新思考「死亡」的定義，到底要受傷到什麼程度，分子之間的依存關係才會完全被破壞而無法起死回生呢？

這次實驗給我相當大的刺激，如果生命的過程可以逆轉，時光可以倒流，我們應如何看待生命和死亡？如果功能人可以讓花生、青豆等由死回生，那麼更強大的功能人也可以使「人」返老還童，起死回生嗎？人要「死亡」到什麼程度，才算真正的死亡呢？

（筆者評註：如果孫女士真的是使用她所謂「逆旋變」的方式，能讓「花生返生」，為什麼從來沒聽說她能讓死人復活呢？或者至少讓小昆蟲復活呢？事實上，自古以來，就從來沒有「死人復活」的事，再說：如果「逆旋變」既然可以讓時光倒流，那麼孫女士一再這樣做，她的年齡和容貌應該青春永駐才對，而且應該也能長生不死吧？）

為了更仔細觀察花生返生發芽的過程，我在九八年四月份又到北京，這次準備了透明的煙灰缸做實驗的道具，希望能由下往上，近距離拍攝以記錄花生返生的過程。在四月一日下午孫女士開始操作，先用手撥動花生，過了二十五分鐘，她說：「有三個花生可以動，另外兩個不動，可是不知道有什麼問題，一直出不來。」休息了五、六分鐘之後，重新開始實驗，我試著把錄影機從透明的容器底下往上拍攝，過了一分鐘孫女士就說：「有聲音，可是聽不清楚說什麼。」雖然感覺三顆花生已經啟動返生的逆旋變，但是集中力道不夠，孫女士再次休息。十七分鐘之後再做，一開始她就說：

「嘰哩咕嚕的，還沒聽懂。」接下來的十幾分鐘，只見孫女士時而側耳傾聽，時而搓動花生，後來聽到花生說「不好看」，可是不明其意。只好暫停。

（筆者評註：人人都知道「死人是不會說話的！」，但是，「死掉的花生竟然會說話」？這真的是千古奇聞，活的花生都不會說話，死掉的花生能夠說話嗎？這樣的說詞別說科學界無法接受，就算是一般村夫愚婦也不會相信的吧？然後實驗過程，孫女士對花生又是「撥動」，又是「搓動」，需要這樣嗎？最離奇的是「花生竟然還會知道自己不好看？」是因為沒有化粧嗎？）

——第二天早上對同樣的花生再次試驗，奇怪的是每次逆旋變轉動後，就會正旋變（由中心向外做螺旋狀轉動，是催熟或死亡的旋轉方向）。雖然一再給指令返生，仍然不停的來回旋轉，我靈機一動，把下方的 CCD 相機關掉，結果「沒有反轉力了，出芽的屏幕出現了。」過了八分鐘之後，我看情況穩定，於是再打開下方的 CCD 相機，結果反轉力量又出現，我趕快關掉，又好了，就這樣折騰了半天，沒有結果。為什麼這樣呢？花生昨天說「……不好看」，難道是抗議我們近距離攝影嗎？而人和花生那樣專注地「交談溝通」的畫面，令人神往且迷惘。

（筆者評註：所謂的「逆旋變」和「正旋變」，相信在當時現場都是孫女士一個人在那裡自說自話，李先生是不可能親眼看見任何實質變化的，而所謂「而人和花生那樣專注地「交談溝通」的畫面，令人神往且迷惘」，那也是李先生主觀的想像而已，有什麼具體證據可以證明人和花生確實在溝通呢？再參照後面一些文句，好像都是「孫儲琳說：孫儲琳說：孫儲琳說：——」，只要她說的，就是事實，就是證據，從頭到尾沒有看到李先生對「孫儲琳說：」有任何懷疑之處？？？）

四月三日晚上孫女士表示要把花生帶回去，打坐練功的時候再試試看。我於是再拿出五顆花生，寫上編號，加上前一天未能返生的五顆，總共十顆讓她帶走。第二天一早孫女士帶來了兩顆發了芽的花生和七顆沒發芽的。怎麼少了一顆呢？「被師父帶走了。」「什麼？」

（筆者評註：科學實驗如果可以這樣做而且還被李先生認可，我們台灣的科學教育恐怕要徹底改寫了，因為從國、高中的生物、理化實驗到小學的自然課實驗，相信也沒有任何老師會這樣做實驗的，因為可信度是0，實驗竟然可以容許帶回家一晚上，第二天直接拿『成果』出來，完全沒有紀錄實驗過程，李先生也不在現場，連親眼目睹都沒有做到，竟然可以認可，並且還把結果寫在正式的研究報告中，卻又故意隱匿了「孫儲琳把花生帶回家一晚上，沒有任何監視紀錄」的過程，這樣能稱為「科學實驗」嗎？這樣的論文報告可信嗎？附註：正式論文請參閱本篇文後附錄三）

「昨天半夜打坐的時候，把十顆花生放在床邊椅子上的盒子裡，加了水。打坐之後女師父先出現，過了一陣子感覺力量不夠，又找男師父來幫忙一起使力。這時候腦中屏幕上出現三顆花生，並開始由外向內旋轉，然後停住，四周的光點向中心集中，三顆花生突然同時發芽。我趕緊晃晃頭，屏幕上的花生沒有消失，確定不是幻覺，心裡非常高興。師父要離開的時候說：「我帶走一顆發芽的花生。」我一看屏幕只剩了兩顆，連忙張開眼睛一看，盒子裡只有兩顆發芽，仔細數了數，總共只剩九顆花生，我把床上地上全找遍了，都找不著，真是師父帶走了。」

（筆者評註：不用打賭；這也不是武俠小說，也不是鬼故事，這只是一段徹頭徹尾的謊話。）

兩顆發芽的花生我在四月三日早上枚進固定液裡保存。至於消失了的那顆花生，表皮上有我的簽字，到底被帶往何處呢？孫女士的師父也保存著它嗎？每次凝視瓶子裡發芽的花生，我便想像在宇宙的某處，有一位仙人手上拿著一顆花生，端詳著上面的字跡，「不知天上宮闕，今夕是何年？」這份遐想或許不著邊際，但是面對孫女士在生物實驗的表現，任何想像都不為過，不是嗎？

（筆者評註：事實還真的「不是！不是！非常不是！」，第一，不是說簽字會消失嗎？怎麼時光倒流了，簽字還在呢？第二，孫儲琳把花生帶回家一晚上，焉知她沒有動手腳，把花生皮切開，掉包了其中的花生仁，換成發芽的生花生？李先生能不能確定孫儲琳絕對沒有「動手腳」？並且請問如何能證明；那兩顆發生確實是在孫儲琳以意念造成「逆旋變」才確實真正返生發芽的？是因為相信她的人格嗎？人格可以和嚴謹的科學實驗劃上等號嗎？很難相信；為什麼李先生竟然絲毫沒有一丁點的懷疑？一個科學家難道可以沒有一點懷疑之心嗎？而且還能這樣冠冕堂皇，得意洋洋的寫在書中出版，難道從來沒有想過，這樣被自己認可的荒唐實驗過程會誤導多少莘莘學子呢？）

附錄三：正式的研究報告

意識調控花生起死回生之研究

李嗣涔（臺灣大學電機工程學系，臺北，臺灣106）
孫儲琳　沈金川（中國地質大學人體科學研究所，北京 100083）
侯金日（嘉義技術學院農藝科，嘉義，臺灣）

摘要

經過高溫高濕處理過一個月的台南１１號花生，在正常發芽程式下其發芽率為零，表示所有花生中細胞包括蛋白質及酵素均遭到破壞而死亡。然而在功能人以意識調控下，於３７分鐘內讓其中一粒花生起死回生，長芽２．８釐米，證實種子生命的死亡歷程是可以被逆向的。我們提出熱力學系統中隱變數之概念來解釋這個現象。

一、前言

功能人以深層意識定向調控植物種子在數十分鐘內長出幾釐米幼芽之研究，系近年來人體特異功能研究中的一項驚人的發展方向。它代表種子的生長是可以被加速的，這在農業生產上具有極為重要的啟發性意義。河北師範大學生物系經採用磷酸鉛沉澱技術對小麥及碗豆種子自然發芽及快速發芽的牙尖中之ＡＴＰ酶進行了超微細胞化學定位，結果發現功能人之念力可以促使植物種子在快速發芽過程中，細胞ＡＴＰ酶活性極度提高，因而提供種子快速細胞分裂、發芽所需要的巨大能量。這對進一步瞭解快速發芽的機理，以及意識如何與種子交互作用有極重要的意義。

其中更不可思議的是功能人可以將煮熟或炸熟的花生米或青翠豆握在手中，放在玻璃或瓷容器中，加少量水，用手掌勞宮穴對著目標物，一般經過2—10分鐘即可將其返生並發芽，長度可達3—6釐米。這裏牽涉到植物種子生長發育的另一重大問題，也就是經過煮、炸將細胞破壞殆盡之種子如何能夠返生並發芽？一個可能性是經過煮或炸，花生或青翠豆之細胞並未完全死亡，因此如果經正常培育程式，種子仍能靠殘存的活細胞發芽，則不能證實"起死回生"確定存在。為了厘清這個問題，本文設計了把花生細胞完全破壞而死亡的程式，並用對照組之正常培育程式來證實花生的確無法發芽，然後再請功能人來做實驗，已確定花生的確能"起死回生"。

二、材料與方法

我們採用台南11號品種的落花生種子數百粒，為加速種子老化處理，將種子放在乾燥器(dessicator)中，內備置磷酸鈣($CaHPO_4$-$2H_2O$)的飽和溶液，以保持相對濕度在95%。乾燥器置於30。c的恒溫相中30天后取出，老化的花生皮已變成深褐色，如圖1所示。從其中任選100粒作對照組發芽實驗兩次，每次50粒花生用擦手紙吸水卷成春捲狀，放入25。c恒溫箱，以照光8小時，16小時黑暗促其發芽。三天后每天檢查發芽率，最後以一星期之發芽率為實驗結果。整個發芽實驗以兩次發芽率之平均值為准，結果兩次的發芽率均為0%，表示花生均已死亡，此時花生中可能仍有殘存的活細胞存在，但整體而言已無法發芽，可以定義為“死亡“。從剩下的花生中任選30粒作實驗組，用鋁箔袋抽真空密封後帶到北京在拆封作實驗。密封儀器為奇美牌的真空包裝機。

功能人作實驗前拆封，取出五粒花生，用油性簽字筆在花生皮上簽名並劃上記號放入瓷盤中，待功能人開始用意念調控其生長時，盤中加入自來水以浸泡花生。全程用V8攝影機拍攝。

三、結果與討論

功能人以手指按住花生，加以意念促其生長，結果花37分鐘讓其中一粒花生返生並發芽2.8釐米，如圖1所示。花生皮上的簽字及記號仍然存在，滿足唯一性的檢驗。由於對照組的發芽率為0%，因此實驗組雖然只有一粒花生發芽，但仍然足以說明花生確實是“起死回生“。**半年後功能人對同樣實驗組花生作念力發芽，也成功地讓兩粒花生發芽4釐米。**

（筆者評註：所謂「半年後——也成功地讓兩粒花生發芽4釐米。」的報告內容正是那個被「孫儲琳帶回家一晚上所做出來的結果」，但是，李先生在這份正式報告中對這個過程隱匿了）。

當花生死亡細胞被破壞，表示細胞內的蛋白質，酵素或DNA等大型分子發生解離及變形。以意識調控讓花生"起死回生"表示讓被破壞的分子又恢復原狀，這裏面所隱含的原理為何？這可以用大型熱力學系統中的隱變數(hidden variable)來說明。加溫來破壞花生細胞內的分子結構使其老化及死亡，相當於一個複雜熱力系統朝向亂度(entropy)增加的方向移動，根據熱力學第二定律增熵原理，這個分子體系不會回頭，只會越來越亂。然而過去的實驗顯示，分子間如果有某種依存關係（隱變數）存在還沒有被完全破壞，則有可能把外界之驅動力反向，分子間又會順著隱變數所聯繫的關係回頭，則系統會回復到較有規則，亂度較低的原始狀態。因此我們推測功能人所加的意識調控，讓花生內部分子由外向內呈螺旋狀的旋變或逆旋變正是把當初加溫驅動分子解離死亡的過程反向，好像是時光倒流一樣。這讓我們必須重新思考"死亡"的定義，花生要受傷到多重，以致于分子間之依存關係（隱變數）完全被破壞後才不可能起死回生。我們希望未來的實驗可以釐清這一點。

四、結論

我們用高溫高濕的方法來加速花生種子老化死亡的過程，並經由對照組之發芽實驗確定花生之發芽率為0％。我們證實功能人可以在37分鐘內讓已死亡的花生發芽2・8釐米，代表種子起死回生並加速發芽是有可能的。我們也提出死亡花生返生之可能機理，是花生細胞內分子間之依存關係（隱變數）沒有完全被破壞，因此功能人可以意念找出反向的驅動力讓花生返生。

五、致謝

我們感謝臺灣大學農藝學系鄭華仁教授及他的研究生完成高溫高濕處理過花生發芽率的實驗，我們也感謝中國人體科學研究院劉易成教授的指導。

〔1〕沈金川，孫儲琳，"深層意義定向調控植物生長的實驗與思考"，《中國人體科學》，8卷2期(1998)51

〔2〕孫儲琳，"我與植物溝通時的一些體驗"，《中國人體科學》，8卷2期

(1998)75

〔3〕 葛容朝等，“人體特異功能處裏小麥、碗豆種子快速發芽過程中ＡＴＰ酶活性的比較研究“，《中國人體科學》，8卷4期(1998)153

〔4〕 R. G. Brewer and E. L. Hahn, Atomic Memory, Scientific Americon, Dec.(1984)42

紅豆竟然知道自己的中文名字？

二戳孫儲琳的「鬼話」

孫儲琳在「萬物有靈—植物有意識」的同一篇文章中，又提到另一個她的「經驗」：

『——————

紅豆幫我指出稱謂的錯誤「你錯啦，錯啦！」

還有一次沈教授給了我三顆紅豆，要我發芽，當我和紅豆溝通時，忘記了它是紅豆了，對著紅豆稀裏糊塗一個勁地默念：「綠豆綠豆快發芽！綠豆綠豆快發芽！！」結果豆子向我發出信息說：「錯啦！錯啦！」我當時沒有領會過來，說「什麼錯了！？」我就給它發了一個意念說「你是不是瞎講啊！？」過了一會兒它還是對我說：「我沒瞎講，你錯啦錯啦！」我還是不明白怎麼錯啦，就集中注意力於前額的天目一看，才恍然大悟，原來要發芽的對象明明是紅豆，而不是綠豆。是我叫錯了名字，對著紅豆叫綠豆了。我改正了稱呼，紅豆就發了芽。……』

關於孫儲琳「自說自話」的這個實驗過程，我先列幾個重點，然後再詳細解說；

一、做實驗時，能夠睜著眼睛對著「紅豆」喊「綠豆」，果然很「白目」，就如同她自己說的『稀裏糊塗』，看來其他實驗也未必不可能一樣是如此『稀裏糊塗』的。

二、原來，「紅豆」竟然聰明有靈性到可以清楚知道自己的名字叫『紅豆』，不是叫『綠豆』，而且還清楚聽得懂中國話的紅豆、綠豆之分。

三、原來，「形象意念」不是關鍵，非要在「語音意念」上唸正確了，「紅豆」才肯聽命。

有一個生物學上的名詞，叫做「自我認知」，這是一種能力，簡單的說，只要是平常人，站在鏡子前面，立刻就可以認出鏡中的影像是「自己」，經過實驗，人類的嬰兒大約一、二歲間就有這樣的能力，而其他動物中，大部分的猩猩和海豚也有這樣的能力，正好猩猩和海豚也是被我們認為比較聰明，智商較高的動物，學習能力也是最強的。

相對於猩猩，同屬「靈長類」的猴子就沒有這種「自我認知」的能力；動物學家做過實驗，在野外猴群出沒的地方，暗中擺放一面大鏡子，所有猴子好奇的靠近鏡子，看到鏡中反射出的影像，並不能認得那個其實就是「自己」，反而會極度驚嚇，並且會誤以為是闖入地盤的「敵猴」，因此會對著鏡中的影像大聲咆哮，驅趕甚至展開攻擊。

由此可見，「自我認知能力」是智商很高的生物，才會擁有的，連猴子這麼狡黠的動物尚且無法在鏡子中認得自己，我們能相信「紅豆」竟然知道自己叫做「紅豆」，而不是叫做「綠豆」嗎？

而且，就算智商很高，經過人類訓練而取名的某些動物，包括海豚、猩猩、猴子、或者家中寵物的貓、狗，如果我們為牠們取了名字，叫習慣之後，只要呼喚牠們的名字，牠們就會有反應。但是，這並不代表牠們就能清楚知道自己真正的身份定位，尤其是經由人類主觀對牠們的定名定位；假設你家中養了一隻狗，無論牠再怎麼聰明，牠也不會在有客人來訪時，主動用「汪汪」的狗語自我介紹說：「嗨！歡迎光臨，我是這家的寵物，我是一條拉布拉多狗！」

再說；假設有一個從來沒有和外界接觸過的黑人島嶼，有一天，突然來了一群「外地人」，這些原住民會主動跟外地人自我介紹說：「嗨！大家好，我們是世居此地的『黑人』！」嗎？又或者當外地人很不禮貌的呼喚他們：「喂！黑人！你過來！」時，他們能知道所謂的「黑人」是在叫他們嗎？（關於這點，在李嗣涔教授所著的「尋訪諸神的網站」一書中，也有同樣的問題，他說「孔子」是一個網站的名稱，如果「孔子」真的有個人網站，網站名一定不是「孔子」，應該會叫做「孔丘」或者「孔仲尼」，因為「孔子」是後人對他的尊稱，不論他生前或死後都絕不可能這樣『自稱』的。再者，如果李嗣涔先生透過「T小姐」想進入國父的網站，請記得別寫「國父」兩個字，這樣是連不上的，應該是寫「孫文」或者「孫逸仙」比較可能，甚至連「孫中山先生」都未必連得上呢？）

再來談「紅豆」的問題；依照孫儲琳的說法；當她一個勁地默念：「綠豆綠豆快發芽！綠豆綠豆快發芽！」結果豆子向她發出信息說：「錯啦！錯啦！」

因為她是「默念」，既然沒有發出聲音，可見她發出的是「意念」而已，她的意念當然是對著面前這特定的三顆紅豆發出的，雖然「在心中錯唸了名稱」，而這三顆紅豆既然會向她發出信息說：「錯啦！錯啦！」，可見，這三顆紅豆非常清楚了解孫儲琳是針對它們發出信息，而不是針對其他不論遠近的「綠豆」發出的。

而既然這三顆紅豆能了解孫儲琳真正的意念，為什麼非要糾正她？「紅豆」和「綠豆」在稱謂上這麼重要嗎？會比真正的「意念」還要重要嗎？（「紅豆」和「綠豆」是中國人根據其顏色區別而給它們定的名稱，在英文中除了紅豆「Small red bean」和顏色有關，而綠豆「Mung bean」，黃豆「Soybean」的名稱都和顏色無關）。那麼難道是中國的紅豆非常肯定也非常堅持自己非要叫做「紅豆」不可，叫「綠豆」、「黃豆」甚至「Small red bean」都不行，而且非要叫正確了才肯聽候指揮嗎？

那麼如果孫儲琳到美國去做這個實驗，就算對著三顆「美國紅豆」一個勁地默念：「紅豆紅豆快發芽！紅豆紅豆快發芽！」，明明唸正確了，「美國紅豆」也明明能確定孫儲琳是在針對它們發功，那麼會不會也向她發出信息說：「錯啦！錯啦！」，一定要她改成「Small red bean！Small red bean！快發芽！！」，這些「美國紅豆」

才肯乖乖聽命呢？

而且用「肉眼」分不清楚「紅豆、綠豆」，還非要用「天目」看才能分別，真的是鬼話連篇！

呵呵呵呵！孫儲琳啊孫儲琳，妳露餡啦！

單憑妳這個精彩的「故事」，就可以證明妳對「意念」和「名詞稱謂」之間的關係還搞不清楚呢。（關於這點，在李嗣涔先生所著的《尋訪諸神的網站》一書中，也有同樣的問題，這部份留待後面會有專論來探討）。

假設孫儲琳是對的，「紅豆」居然有「自我認知能力」，那麼人類的生物學馬上要推翻改寫，至少「紅豆」要列入和人類、猩猩、海豚等高智商生物一類，而且，以後大家要喝紅豆湯或者吃紅豆餅之前，可能要好好的考慮考慮再張嘴口吧？

對了！下次台灣知名藝人「阿雅」要唱成名曲「銼冰進行曲」時，一定要先弄清楚紅豆、綠豆、大紅豆之類的，不然，萬一唱錯了，「紅豆」大聲抗議，透過麥克風糾正妳，那可是會把全部歌迷嚇得落荒而逃哦？

附錄：

（節錄自李嗣涔先生所著「難以置信－科學家探尋神祕信息場」一書第159頁至第165頁）

為了讓大家對於功能人與植物的關係有更貼切的認識，在此特別節錄一篇孫女士發表於久中國人體科學》的文章（我與植物溝通時的一些體驗）的精彩片段：

『近年來，我常常想、實驗成功的最重要條件是什麼？我的回答是要與植物「心心相印」，要有「心靈上的溝通」，首要條件是要熱愛植物，要像對待自己的孩子一樣地對待植物，要對她充滿愛與激情，才有可能字實現「心靈上的溝通」。與植物溝通了之後，你就會發現植物是有情感的，是有靈性的，她們會把自己的喜、怒、哀、樂告訴你，會向你傾訴她們的各種情感和願望，我在大量的實驗過程中有許多與她們交流、溝通的體驗。

・黃豆說：「太擠啦！太擠啦！」

・

有一次沈教授買了一大包黃豆，放在一個小玻璃瓶內要我加意念讓他們快點發芽，但瓶內的豆子特別擁擠，我開始時並未意識到，未管它們。我就開始和它溝通，給它一個信號要它發芽，但我感覺到它反饋一個信號（聲音）說：「哎呀！太擠啦！太擠了！我受不了啦！受不了了啦！」可我當時並未弄明白，因此還是不斷向它發出要它發芽的信息：「請給我發芽！發芽！發芽！」過了一會它真的發了芽，我睜眼一看才知道，原來一大堆豆子放在一個瓶子裡，確實太擠了！由於沒有足夠的空間，長出來的芽都像蘿蔔鬚一樣，細細的。真讓人哭笑不得。

（筆者評註：如果以上可以成立，那麼孫儲琳平時出門最好遠離各種大型的糧倉，不論是儲藏大米、麥子、玉米之類的糧倉，因為那裡面總是堆得滿坑滿谷，壓得所有米麥更擠，如果大家同聲慘叫，孫儲琳的耳膜豈不是會震破？）

• 花生向我傾訴它的痛苦：「我不舒服，我疼！」

有一位姓楊的朋友，他拿來了兩個樣品，他告訴我裡面一共是八顆花生米。其中四顆是煮的，四顆是生的，全封在信封裡面，拿著信封我就開始感覺，總覺得不對勁，可能由於緊張，不熟悉，所以當時未做出來。回到學校裡，第二天我和它溝通的時候，花生米就開始說話了：「我不舒服，我疼！」我問它怎麼不舒服，怎麼疼？從天目中一看，原來花生殼內穿了一根細細的銅絲。這是這位朋友為了防止樣品調包而特意做的標記，事先對我是保密的。我看出來了，而痛苦的感覺是花生向我傾訴的。這次實驗由於花生的過於痛苦和一些其他原因沒有將實驗再做下去。

• 紅豆幫我指出稱謂的錯誤：「你錯啦！錯啦！」

還有一次沈教授給了我三顆紅豆，要我讓它發芽，當我和紅豆溝通時，忘記了它是紅豆了，對著紅豆稀里糊塗一個勁地默念：「綠豆綠豆快發芽！綠豆綠豆快發芽！」結果豆子向我發出信息說：「錯啦！錯啦！」我當時沒有領會過來，說：「什麼錯了？」我就給它發了一個意念說：「你是不是瞎講啊？」過了一會兒它還是對我說：「我沒瞎講，你錯啦錯啦！」我還是不明白怎麼錯啦，就集中注意力於前額的天目一看，才恍然大悟，原來要發芽的對象明明是紅豆，而不是綠豆，是我叫錯了名字，對著紅豆叫綠豆了。我改正了稱呼，紅豆就發了芽。

我當時對它們發功想著要它們發芽，小麥在發芽過程中還是挺正常的，跟她溝通後她很快就開始發芽了，長到一定程度後，我認為任務已經完成了。但奇怪的是天目上的圖像還沒有消失，且從已發芽的種子傳來衝動的信息，她似乎在說：「我還要長，我還要長！」這時我感覺麥粒內的脂肪等營養成分從四面八方向芽胚快速傳遞，一種白花花的東西閃閃爍爍地向上跑，它接著就長出了更長的芽……

另一次我已經和植物溝通了，前額的屏幕上出現了種子的形象，但較長時間總是不能進一步動起來，我很納悶，心裡在問種子：「為什麼你不發芽，為什麼不起動？」種子傳來信息說：「現在我不願意做，我要休息！」我理解是：現在不是做的時候，時辰不對，發不出芽來……

（筆者評註：如果種子可以主動決定要不要休息，那麼為什麼李先生連續帶去幾次的「死花生」剛好不在休息時間，所以，都剛好會發芽？那麼全世界的農夫在播種之前是不是都要先請「功能人」跟種子溝通一下，弄清楚是不是正在休息，萬一不肯發芽，豈不是徒勞無功，白忙一場？又是睜著眼睛說瞎話的胡扯。）

隨著實驗內容、次數、難度的增加，我與植物的溝通與交流也越來越廣，越來越深。植物種子雖然沒有嘴，但在功能態中我能聽到它們發出的聲音信息。聲音是清晰的，甚至是有個性的，不同的品種聲音也不一樣……

醫學上常常把失去了情感交流能力的人稱作「植物人』。實際上植物是有靈性，有感情的……在實驗過程中有很多奇怪的現象及感覺。如炸花生米返生時，我也突然變得特別輕鬆，好像自己越來越年輕了。還有一次我催開花蕾時，感到自己鑽到花心裡面去了，跟她一起慢慢地溝通融合，逐漸成為花蕾的一部分，成為一個整體，跟她一起開放，花就是我，我就是花，在我做過的其他一些實驗中，如離體致動鈕扣、硬幣等過程中，我也有自己與目標物合而為一的體驗，真是妙不可言！』

孫女士於一九九九年九月份在日本訪問時，成功的把一粒炒熟的花生放在暗袋中，完全未加水的情況下，在數分鐘之後長成二十四公分帶葉的花生樹。此外還做了把漿果由紅變綠再由綠變紅的實驗，以及以意念在底片上感光，造成特殊的相片等。

逆轉生死！怒犯天條

只要是生物，就必定有「生死」的現象，各種生物之間生命的週期雖然有著極大的差距，有的生物朝生而暮死，甚至只能存活短短的幾小時（譬如蜉蝣），有的卻能活上數千年之久（譬如一些巨大的神木），但是，只要有生命存活的現象，死亡就終究會結束這段過程。

其實，生和死都是自然現象，就像花開花落一樣自然，有生必有死，從無例外，所有的生物都是在這個「自然律」之下過活，也許活得怡然自得，也許活得非常掙扎，但是，不論任何原因，「死亡」遲早會來臨的。在我們生存的地球上隨時隨地，無時無刻都有無數的生物在出生，也有無數的生物在死亡，「死亡」有什麼稀奇？「死亡」有什麼好害怕？「死亡」其實也沒有人類以為的那麼嚴重！

而且除了人類，沒有任何生物會妄求「永生」，特別是肉體生命的「永生」，像秦始皇和漢武帝；以至其他一些帝王，都曾幹過妄求仙丹妙藥，意圖能長生不老，仙壽永亨的「蠢事」，不過，卻從來沒有成功過。

所以，在我們所生活的地球上，從來沒有出現過不死的生物，沒有出現過長生不老的人，而且，「生死」是不可逆的自然律，也從來沒有可以「死而復生」的生物或人類，也從來沒有人、神、鬼具有讓任何生物「起死回生」的能力（註一）

雖然，人類和其他生物一樣都是「樂生而惡死」，甚至是「貪生怕死」的，也因此自古以來就意圖用各種稀奇古怪的方法來企求「長生不老」，企求「延年益壽」，企求「青春永駐」，企求「返老還童」，尤其是中國古人因為害怕死亡，甚至會用「避壽」、「改名」、「蓄鬚」、「假死」、「發假喪」、「做假墓」等等荒誕的行為企圖矇騙黑白無常和閻王老子。但是，同樣從來沒有任何人因此得逞，照樣是「一旦無常萬事休」，反正遲早還是會伸腿閉眼一命嗚呼的。

現代科技進步了，於是一些有錢又不敢面對死亡的人，會使用液態氮保存屍體的方法，意圖等待未來人類有更高的科技可以治癒絕症，可以起死回生時，他們可以「繼續存活」下去。甚至在台灣也有人因為迷信而伴隨親人的「乾屍」生活數月之久，堅信親人會「復活」。在港片「三更」中，黎明飾演的中醫師，也是認定自己使用中藥浸泡亡妻的屍身到一定的時日，亡妻就能起死回生……

事實上，那些想法和作為都是一種荒謬絕倫的「迷思」，既不了解自然，也不懂得生命，更從來沒有好好思考探究過「死亡」的真義；我們生活的地球只是一個空間資源有限的小舞台，各種生命的角色是必須不停的嬗遞下去，在生死以及弱肉強食，物競天擇的競爭中，生命才能獲得進化，智能才可以獲得提昇的。而也正因為如此，人類才有今天的文明，我們才有語言文字，才有抽象和形而上的思考能力，我們也才能使用網路和全世界溝通交流，李嗣涔先生也才能和他所謂「諸神的網站」搭上線，而我們也才能藉由這本書來針對這些問題互相提出正反的辯證。

任何角色，不論戲份輕重，演技好壞，也不論能在舞台上演出多久，一旦演完自己的戲份，必定要下台的，把舞台空出來讓給其他演員繼續演下去，否則，如果所有已經演完自己戲份的演員統統不下台，那麼再大的舞台也永遠不敷使用的啊？

當然，不需要劇務人員提醒、驅趕或者死拖活拉，在生命的舞台上，一旦演完自己戲份的演員，「自然」就會讓它們自動的悄悄下台，把舞台位置空出來，讓給新的生命使用。

其他物種在死亡之後，都會自然的分解，把元素還諸宇宙天地，讓其他後繼生命繼續利用，這種「生命元素的輪迴」也是自然律，但，所有生物中只有人類不然，在死後不但要做一大堆無聊的儀式，還強行的試圖保留腐臭的屍首，嚴格的說；站在「自然」的觀點，人類的墓葬行為尤其是木乃伊或者浸泡防腐劑保存屍首的行為是徹頭徹尾違反自然的。

那麼，意圖逆轉生死，讓人或某種生物起死回生的行為，同樣是嚴重的違背自然律，甚至嚴重干擾「因果律」的行為。

如果要套進通俗或者傳統的思維中，不論用任何方式意圖逆轉生死，起死回生的作法，已經是違背天律，怒犯天條的大罪了。如果我猜想的沒錯，不只是孫儲琳女士沒有想過這個問題，只怕連「李嗣涔」教授可能也沒意識到這個後果嚴重的可能性。

當然，我不會站在這個「通俗低階」的觀點上來論述，我倒是要針對「李嗣涔」教授和孫儲琳女士的一些見解和「實驗」逐一檢視並提出個人的看法；因為『逆轉生死』的研究必定會干擾到「因果律」甚至「自然律」，也因此必定會引發無法想像的「蝴蝶效應」的。

孫儲琳女士在一篇自己撰寫的文章中提到一個叫作「逆旋變」的名詞，其中的重點正是「起死回生」逆轉生死的實驗；茲節錄重點如下：

『神秘現象：我與植物溝通時的一些體驗

……還有一種是相反的過程，起初是將成熟的四季果、冬青果從鮮紅色、暗紅色返生變成青綠色或白色，我也曾試過將紅蘋果變為青蘋果，後來進一步做了許多將炸熟、煮熟的花生、豌豆或是其他的豆子，甚至是煮熟40分鐘的鵪鶉蛋在我的意識資訊場的作用下恢復生命活力的實驗。這些實驗涉及到各種細胞的「返老還童」，甚至是「起死回生」，是一個與正常生長相反的過程，好像是時間可以倒流，過程可以逆轉似的。有趣的是，在完成這類實驗的過程中，我在前額螢幕上看到的景象與加快

種子生長的各類實驗所看到的圖象有很大不同。在進入功能態實現與它溝通後，返生和恢復生命活力的過程是由外向內螺旋狀的旋變的，我們可以將這樣的過程叫作「逆旋變」，且伴隨著五光十色、閃閃爍爍、忽快忽慢不斷地改變著顏色和形狀的發光點，一般連續轉了十餘圈後，成熟的果子或煮熟、炸熟的豌豆、花生米就逐漸返生了。在實驗過程中有很多奇怪的現象及感覺，有一種自身與實驗對象合而為一的奇特感覺，如炸花生米返生時，我也突然變得特別輕鬆，好像自己越來越年輕了。還有一次我催開花蕾時，感到自己鑽到花心裏面去了，跟她一起慢慢地溝通融合，逐漸成為花蕾的一部分，成為一個整體，跟她一起開放，花就是我，我就是花，在我做過的其他一些實驗中，如離體致動鈕扣、硬幣等過程中，我也有自己與目標物合而為一的體驗。真是妙不可言！

------------------------』

在「李嗣涔」教授所著《尋訪諸神的網站》一書第一九八頁第八行提到孫儲琳能夠『……空中取藥能力的開發，煮熟蝦子起死回生實驗的嘗試等等……』（註：在孫儲琳自己撰寫或者經由他人間接報導的文章中，都一再提到她擁有這樣的能力）

我想談的是主要是針對『煮熟蝦子起死回生』的實驗；既然她是『煮熟蝦子』，我就排除油炸和燒烤的烹調方式，並且也考量既然是「實驗」，而不是為了食用，所以應該是沒有加入鹽、味精、香料的，因而很單純的只是把活跳跳的鮮蝦，直接加入清水煮熟；

我不能確定孫儲琳是把煮熟的蝦子撈起來之後，趁著熱氣騰騰之時立即進行起死回生「逆旋變」的實驗，或者擺放了一段時間；等「熟蝦」完全冷卻並且確定蝦子已經「徹底死透」之後才開始實驗的？

分子沒有完全回收，蝦子能起死回生嗎？

但是，無論如何，就算煮蝦的清水之中沒有加入鹽、味精、香料，煮過蝦的水（蝦湯）照常理來想；必定還是十分鮮美可口的，也許多少會有些腥味，鼻子可以聞到，舌頭也可以嚐到，如果有人喜歡的話，也可以直接把這鍋美味的蝦湯喝下肚，或者拿去當火鍋湯底。

試問；煮過蝦的水（蝦湯）為什麼會有點腥味？為什麼嚐起來會有鮮味？簡單啊；因為活蝦的身體成份有些已經在加熱烹煮過程中分解到湯裡去了啊，而其中鮮美的味道正是生命分子中非常重要的「嘌呤」（所以，有痛風症狀的病人，醫生都會建議少攝食海鮮和蕈類等「高嘌呤」食物，因為「嘌呤」會增加血液中尿酸濃度，引發痛風）。那麼孫儲琳在做讓熟蝦起死回生「逆旋變」的實驗時，對於那些熟蝦已經被分解到湯裡和一小部份隨著水蒸氣逸散到空氣中的分子，特別是針對這類非常重要的「嘌呤」分子有沒有先行做「完整回收」的動作？

如果答案是『沒有』，那麼這些蝦子是不可能「回復原狀」的，當然也就不可能「起死回生」。

如果孫儲琳的答案是『有』，那些被分解到湯裡和逸散到空氣中的的「嘌呤」分子，她是用什麼樣的方式「回收」的？尤其是如果有人好奇的喝了幾口湯，或者被圍觀的人經由呼吸吸入體內的微量份子（只要有人甚至其他路過的動物，即使是幾隻躲在暗處的蟑螂，聞到煮蝦的味道，分子已經被吸入體內了），這些微量分子，她又是如何「回收」的？

如果雖然做了回收動作，但是，還是有些微量份子逸散或進入其他人、動物的體內，已經無法回收，那麼蝦子還能順利「復活」嗎？孫儲琳認為那些只是「微量」而無關緊要嗎？還有就是：當熟蝦經過「逆旋變」過程而起死回生之後，那鍋鮮美的蝦湯是不是也同時變回為原來的清水？她做這樣實驗時，有沒有完整紀錄這個問題？有沒有見證人？有沒有關於蝦湯變回清水的正式化驗報告？

我不確定孫儲琳有沒有想到這麼重要的「回收」問題？如果答案竟然是『沒有！』，那麼她所說的「起死回生逆旋變」只是一個謊話。

還有，不知道在孫儲琳在進行熟蝦「起死回生逆旋變」實驗前或者同時，有沒有幫這些被她煮熟死亡的蝦子做完善的「招魂」儀式？如果答案是『沒有！』，那麼她的謊言已經完全吹爆了；

因為她的所有理論和這些實驗都是建立在她自己一再強調「萬物有靈論」的機制下，那麼蝦子當然有靈，既然有靈，蝦子被煮熟死亡之後，「靈」當然會離開軀體。那麼，如果沒有進行「招魂（靈）」儀式，這些蝦子是在「魂（靈）不附體」的狀態下，怎麼可能復活呢？就算孫儲琳能讓這些蝦子的分子元素「逆旋變」，沒有「靈」

的蝦子像什麼？不是和「植物人」很像的「植物蝦」嗎？那麼要不要為牠們戴氧氣罩，用流管餵食或者打點滴？否則牠們能存活下去嗎？

其實這個「謊話」根本不需要牽涉到什麼高深的不得了的物理、生物或者靈魂學的知識才能破解，只要肯用大腦好好想想，用常理就能戳破。

比目蓮：佛祖還要神通廣大的孫儲琳

或者；我們可以來回味一下「目連救母」的故事，目連全名「摩訶目犍連」又稱「目犍連」，在釋迦牟尼佛的十大弟子中，號稱「神通第一」，但是，他的母親因生前罪業極大，轉生於「餓鬼道」受苦，目犍連救母心切，打破鬼門關，見到母親，可是，所有食物一入母親口中立即化為炭火，無論他使盡混身解數也無法讓母親吃到一丁點食物。他急忙求助於佛祖，佛祖搖著頭告訴他：「神通不敵業力！」

想想，別說「起死回生」，可以「生死人而肉白骨」，連號稱「神通第一」的目犍連都無法運用神通讓母親吃到食物，何況是讓他母親復活？而「佛法無邊」的釋迦牟尼佛也同樣無法讓目犍連的母親復活。那麼被孫儲琳和李嗣涔教授視之為「神通」的那屬於初級的「特異功能」，可以起死回生，逆轉生死嗎？或者李嗣涔先生非常肯定孫儲琳「逆旋變」的神通是比目犍連，甚至比釋迦牟尼佛還要高強，所以只有她可以起死回生，逆轉生死？

不知道李嗣涔先生是否知曉「目犍連」後來是怎麼死的嗎？

在釋迦牟尼佛圓寂之後，目犍連繼續秉承師命在印度各地宣揚佛祖教義，結果有一次在一個山腳下宣教時，冷不防遭到反對者的暗算，用大石頭從山上滾下來被活活壓死的。看來「神通第一」也無法事先預知自己的劫難，更不能運用神通逃過此劫，當然更不能逆轉生死，讓自己死而復活。那麼，「神通第一」又如何呢？

此外，「李嗣涔」教授也提到他專程從台灣帶了可以證實「已經徹底死亡」的花生去大陸，交給孫儲琳去做「起死回生逆旋變」的實驗，而且還特別在花生上簽了字，結果，原本已經死亡的花生不但真的「復活」，而且還會發芽，並且可以種植並繁衍……

想想看：同樣的問題，那些「花生」是在台灣「殺死」的，在「殺死」的過程中，一些花生的分子已經留在容器中和逸散在台灣的大氣中，花生的氣味也被參與實驗者多人吸入體內……請問孫儲琳在做這次花生「起死回生逆旋變」時，有沒有專程來台灣「完整回收」花生的其他分子？答案肯定是『沒有』！

那麼，除非李嗣涔先生想告訴我們；孫儲琳功力高深莫測，根本不用親自來台灣，只要在大陸「隔空隔海」一發功；就能瞬間把那些原本逸散的花生分子全部「抓」回來。否則，真的不只是『難以置信』，而是沒有人會相信呢！

更離奇的是，我居然看到整個經過是這樣進行的；在一篇由行政院科技顧問組研究員「林基興」先生所撰寫的「特異功能？—科學家和社會責任」論文中提到：

『……大陸特異功能者表演花生長芽時，所加的水是普通水嗎？使用手指不停撥弄花生、用口頻頻對它吹氣等動作，發功者解釋說是以意識調控使死花生內部分子逆旋變（？）、加溫使分子解離過程逆轉，花生就能起死回生。李嗣涔先生想以 CCD 像機拍照時，發功者卻表示聽到花生說：「不好看」，因此長不出芽。李嗣涔先生就認為「難道是『花生』抗議我們近距離攝影嗎？」」。功能者無法使花生長芽，就把 10

顆花生帶回去操作，隔天帶來2顆長芽、7顆沒長芽，又說1顆給師父帶走了；李嗣涔先生用固定液保存此2顆長芽的花生，「每次凝視瓶子裡長芽的花生，我便想像在宇宙的某處，有一位仙人手上拿著一顆花生，端詳著上面『我』的字跡」……。』（原註：筆者在撰寫本篇文章時因為跑遍花蓮大小書局都買不到《難以置信I科學家探尋神祕信息場》這本書，直到寫完之後十天之後，才託人在某大圖書館借到，果然在該書第一五七頁至一五八頁看到了李嗣涔先生對於實驗經過確實是這樣敘述的）

（新註：筆者2011年8月26日經由「金石堂網路書店」網購「難以置信I科學家探尋神祕信息場」及「難以置信II尋訪諸神的網站」二書各一冊，重新檢閱原文，並節錄於後「附錄2」）。

搞了半天，這個被李嗣涔先生說的「神乎其神」—孫儲琳所做死亡花生「起死回生逆旋變」的實驗竟然不是在李嗣涔先生面前『當場』做的，而是孫儲琳『帶回去操作，隔天再帶來』的，而且之前現場操作時，因為花生說：「不好看」因此長不出芽。李嗣涔先生就認為「難道是『花生』抗議我們近距離攝影嗎？」而且李嗣涔先生竟然完全相信孫儲琳所說：「1顆給師父帶走了。」於是就常常「想像在宇宙的某處，有一位仙人手上拿著一顆花生，端詳著上面『我』的字跡」……

哇咧！這是一個可以讓一般人相信的實驗嗎？就算是一個台灣國中的生物老師用這樣的方法進行「實驗」；在實驗室裡眾多學生面前沒有做成功，卻把「實驗物」帶回家，隔天來學校只展示結果，完全不讓學生親眼看到實驗過程，相信所有國中生也不會接受這樣的教學方式吧？

為什麼李嗣涔先生這麼信任孫儲琳，包括她在CCD像機拍照時無法使花生長芽，但是，『帶回去操作，隔天再帶來』卻成功了？為什麼絲毫不懷疑她是否帶回去之後可能會作假動手腳？而且竟然會相信孫儲琳所說：「1顆給師父帶走了。」，難道不可能是她做手腳時把那顆花生弄壞弄碎了，所以沒法交代，只好編出了被「師父帶走」的謊話？

真的是讓人「難以置信」，李嗣涔先生在完全沒有親眼目睹，沒有在縝密見證下，沒有任何畫面紀錄的情形下，可以相信孫儲琳已經成功的讓他從台灣帶去的死亡花生「起死回生逆旋變」而發芽存活，焉知不是孫儲琳帶回去之後，剝下李嗣涔先生簽過字的死亡花生皮膜，掉換了中間熟透的花生仁，換成新鮮發芽的生花生塞回去，存心矇騙呢？

孫儲琳說過「花生」會跟她「訴苦喊痛」，同樣是她強調的「萬物有靈論」；她在做死亡花生「起死回生逆旋變」前，要不要幫花生「招魂」呢？

同樣的，這個「謊話」也根本不需要牽涉到什麼高深的不得了的物理、生物或者靈魂學的知識才能破解，只要肯用大腦好好想想，用常理就能戳破。

可是，我真的很難理解，李嗣涔先生不但完全可以相信孫儲琳這麼沒有公信力的實驗過程，更接受她這麼不合邏輯的理論，甚至是這麼不合簡單常理的說詞？更難理解的是李嗣涔先生竟然還把這個毫無公信力的「實驗」（包括不合常理的過程和啟人疑竇的結果）常常訴諸於口，現在又形諸於文，筆諸於書的公諸於世？

（筆者評註：有關花生「起死回生」的實驗，後來由李嗣涔先生寫成正式的論文發表：『意識調控花生起死回生之研究』，其中有關第二次實驗的內容，李嗣涔先生刻意刪掉了實驗過程，並沒有交代是在何種情況；何種實驗條件下完成的？只強調「半年後功能人對同樣實驗組花生作念力發芽，也成功地讓兩粒花生發芽4釐米。」，完全沒有提到這個實驗是由孫儲琳帶回家去做，第二天才把發芽的花生拿回來的，對於神奇失蹤的那顆花生的去處完全沒有交代。這樣的論文報告有多少真實性和可信度呢？如果李嗣涔先生認為這個實驗是可以成立的，為什麼要刪除「帶回家做」的過程？如果認為這樣的實驗過程是不能成立的，又為何要紀錄為成功的案例呢？刻意隱匿有瑕疵和弊端的實驗過程，只報告成功的結果，在學術求真的要求下，這樣的心態和行徑難道不應該被抨擊嗎？）

不過，這樣也未必全然沒有好處，至少可以不用擔心這種逆轉生死，起死回生的作法，是違背天律，怒犯天條的大罪，將會遭到天譴報應，也不用擔心這樣的實驗會嚴重的違背自然律，甚至會嚴重干擾「因果律」了。

因為孫儲琳所做的這個所謂「起死回生逆旋變」的實驗徹頭徹尾就是個騙局！她所說的：「表示聽到花生說：『不好看』，因此長不出芽。」以及「1顆給師父帶走了。」同樣也是徹頭徹尾的謊話。

PS：如果，我說錯了，而孫儲琳確實有「起死回生逆旋變」的能力，應該建議中共當局讓她對「馬王堆」那具保存完好的女屍進行發功，如果能讓女屍成功復活，必定會是轟動國際的大事，也能讓我們對西漢時代的歷史文化和實際生活有第一手的了解（註二）。或者接受國際邀請，去對埃及「圖坦卡門」法老王的木乃伊進行「起死回生逆旋變」發功，一旦成功，同樣，這將是人類有史以來最偉大的奇蹟，就算一口氣頒發十座「諾貝爾」特別貢獻獎給她都不為過。

其實要做孫儲琳所謂「逆旋變」的實驗，根本不用如此大費周章，我在此建議李嗣涔先生；下次最好帶一台全新的PDA去，其中事先載入一、二百筆特別「加密儲存」的資料，並讓PDA本身的計時功能正常運作。在眾目睽睽和攝影機的監視下，當場用大鐵槌把這台PDA打壞；砸個扭曲變形，液晶螢幕破碎，然後靜候個五—十分鐘，再請孫儲琳當場發功，讓這台PDA「起死回生」，來個「逆旋變」完全回復原狀，而且檢查一下原有的資料，如果一筆不少，再檢查PDA上的時間，如果是原來砸壞之前那個時間（就是要比此刻慢了五—十分鐘），那不就證明她確實擁有這樣的超能力嗎？

平常心， 小結論：

一、所有肉體生命是都是生活在「線性空間」中的，因為受限於時間機制，所以時間不可逆，因果不可逆，生死不可逆。（所謂：「靈界」沒有時間，時光可以倒流，那些是屬於「多重宇宙論」的範疇，地球上的任何肉體生命法則不適用在這個範疇）。

二、在地球上，有史以來，從來沒有人、神、鬼可以「逆轉生死」。釋迦牟尼佛不行，目犍連不行，孫儲琳或者其他任何特異功能人士一樣也不行。

註一：「有些生長在寒帶或高山的動物，例如青蛙、蠍子，嚴冬時在身體完全冷凍成冰塊之後，感覺起來彷彿已經死亡不可能存活了，但是，只要大地春回，氣溫上升後，冰塊自然解凍，這些動物還是會恢復生機，沒多久又活蹦亂跳了。但是這當然不是「起死回生，死而復活」，只是一種非常奇特的「冬眠現象」而已。

此外，海地的「巫毒教」的巫師可以調配一種含有河豚神經毒素成份的特殊毒藥，讓正常人服用之後，會完全呈現近乎真正「死亡」的狀態，然後在被埋葬之後，只要巫師偷偷地在一定時間內把「屍體」挖出來，載運到遙遠的異地去，再使用一種獨門解藥，就能讓「屍體」像生前一樣活動，只是會失去記憶和某些自主能力，完全渾渾噩噩的聽命於巫師，或者也可以賣給地主去做奴隸，當地人稱之為「活屍」，但是，這也不是「死而復活」，只是呈現一種「假死」狀態，在被家人法醫誤以為「死亡」，哭哭啼啼辦喪禮到埋進墳墓的過程，這個「假死」的當事人心裡完全清醒，只是無法表達和求救而已。但是被巫師用解藥解毒之後，他卻會同時被巫師操控，大部分的「活屍」可能因為腦部的傷害而永遠無法回復正常，但是，偶而也有極少數漏網之魚，才終於能解開這個千古神秘之謎。不過這也不能算是「起死回生」。

至於偶而發生明明被醫生宣佈死亡，在加護病房甚至已經推進太平間之後，竟然又活了過來挺嚇人的案例，那有些是誤判，有些可能只是呼吸道突然被痰梗住而呈現呼吸、心跳停止的死亡假象，在推進太平間之後，可能搬動時的撞擊，讓痰吐出來，結果慢慢又復甦活過來，這些也只是極少的特例，不能視為可以「起死回生，死而復活」的常態可能。

註二、一九七二年，中國大陸考古專家發掘西漢馬王堆，發現的女屍係西漢時長沙國丞相利蒼的夫人，距今已將近２２００年。據史料記載，利蒼夫人名叫「辛追」，死時約５０歲。目前「辛追」的遺屍被保存的很好，形體完整，全身潤澤，皮膚覆蓋完整，仍有彈性，關節還可以活動，毛髮尚在，指、趾紋路清晰，骨質比現在六十歲的正常人還好，是世界上發現的首例歷史悠久的濕屍。

台大教授說：「藥是佛送來的！」

論「張穎」的「隔空抓藥」（上）

『……大陸國寶級特異功能人士張穎昨日應邀在台灣大學電機資訊學院實驗室現身說法，當場示範「隔空抓藥」治病的特異功能。她的雙手在空中比劃幾下，帶有中藥氣味的藥粉及藥丹隨即憑空落下，讓台大教務長李嗣涔等二十幾名現場人士看得嘖嘖稱奇，也使物質不滅定律受到考驗。

……就聽見如砂粒落在紙上的聲音響起，眾人還不知道發生什麼事前，張穎的雙手已移到第二名病患前面，眾人才發現第一名病患手上拿的白紙已堆積許多黃褐色藥粉。又過幾秒鐘，張穎的雙手又移到男性病患的面前搓揉幾下後，只見一顆黃豆般大小的黑色藥丸落了下來，在此起彼落驚呼聲中，現場陷入一陣騷動。張穎果真在眾人都覺得不可思議的情形下，成功地無中生有，完成「隔空抓藥」。

面對這番景象，研究特異功能多年的李嗣涔也不得不說：「我實在不知道怎麼解釋，只能說是佛送來的藥。」國內擁有特異功能的少女高橋舞說：「我看到一道光下來，藥就從她手裡落下來了。」……（本文節錄自900102中國時報社會綜合版）』

根據上述報載最後一段所記載：『……面對這番景象，研究特異功能多年的李嗣涔也不得不說：「我實在不知道怎麼解釋，只能說是佛送來的藥。」國內擁有特異功能的少女高橋舞說：「我看到一道光下來，藥就從她手裡落下來了。」為驗證這些「不明物體」成份，李嗣涔特地將三份藥各保留一點，準備送請醫學界協助分析鑑定。』

我們來看看「李嗣涔」先生的說法；

他說：「我實在不知道怎麼解釋，只能說是佛送來的藥。」

這當然是他在目睹這樣「不可思議的奇蹟」之際，忍不住驚呼出來的真心話。

但是，非常值得玩味的也正是這句話。先說前一句，李嗣涔先生說：「我實在不知道怎麼解釋，」說明了：

一、他不知道「張穎」是怎樣把藥憑空抓出來的？

二、他不知道藥的確實來處？

三、他之前應該沒有看過類似「張穎」這種「隔空抓藥」的表演。

四、這是他知識和經驗範疇以外的現象，因此他承認自己無法解釋成因。

但是，問題是出在第二句話上，他說：「只能說是佛送來的藥。」

這是什麼說法？又是何種邏輯呢？又怎麼可以限定為『只能說』？而完全沒有想到所有的可能呢？

一個科學研究者在面對無法解釋的現象時，必須盡可能的大膽假設，然後再逐一小心求證，而且假設的範圍越大，假設的可能越多越好，豈能隨意推給一種可能而已？

想想；「藥」除了有可能是「佛」送來的，難道沒有下述可能嗎？

一、聖經裡那個「上帝」送來的？

二、道教裡的玉皇大帝送來的？

三、瑤池的西王母送來的？

四、濟公、孫悟空、三太子送來的？

五、外星人送來的？

六、「張穎」靈魂出竅去「太上老君」的丹爐裡偷來的？

七、「張穎」靈魂出竅瞬間去中國大陸北京同仁堂藥房買來的？

八、「張穎」能穿越時空蟲洞，從另一個時空取回來的？

九、「張穎」的頭頂有一個無形的葫蘆，從裡面倒出來的？

十、「張穎」只知道每次這樣發功，就自然會有藥出現，她自己也不知道怎麼來的？

十一、「張穎」其實知道藥是怎麼來的，或者從那兒來的，但是因為某種禁忌或誓言，她不能說出來？

十二、「張穎」作假，用魔術手法夾帶在身上某處，伺機「變」出來的？

十三、其他可能……

想想，幾乎隨便推測一下，就有這麼多甚至更多的可能，為什麼李嗣涔先生偏偏認定：「只能說是佛送來的藥。」

為什麼偏偏一定『只能說是』：『佛』呢？為什麼就不能是別種可能，或者根本不適合說後面這句話呢？因為既然『實在不知道怎麼解釋？』，就不能用『只能說是佛送來的藥。』來解釋啊，後面這一句解釋不正好是和前一句是自相矛盾的嗎？

這難道不是李嗣涔先生事先就有了這樣「先入為主」的觀念嗎？他應該非常相信『佛』，而且也相信『佛』有這樣不可思議的能力，在圓寂（死亡）了將近二千六百年之後，居然還能送藥到人間來，而且還能瞬間找得到台大李嗣涔先生的實驗室，所以因為他個人相信死後生命是存在的，相信人是可以在成佛之後就永生不死，而且是具有無邊法力的（這點和李嗣涔先生信不信「佛教」無關，只和他相信『佛』的實存與否有關）。

如果李嗣涔先生是相信上帝的美國人或者是相信回教的中東人，相信他就不會說：「只能說是佛送來的藥。」了，又或者他依舊是原來的身份，但是，他壓根兒不相信鬼神之說，不相信『佛』，更不相信『佛』是實存並且是法力無邊的，同樣他也不會脫口而出的作出這樣『只能說佛送來的藥。』的結論了。可見，他是先入為主的，他也在不經意之中武斷的冒出了單一可能的結論，關於李嗣涔先生這樣未經反覆驗證，只看到一次他「實在不知道怎麼解釋」的現象，就作下結論這樣實在不夠審慎的態度，特別是在他總是一而再，再而三強調自己科學實驗精神的言論之後，我個人實在很難苟同李嗣涔先生這樣的說法。

同時，從李嗣涔先生幾乎是脫口而出的話語，可以想見他當時的驚愕之情，也可以證明李嗣涔先生應該是第一次看到「隔空抓藥」的表演，先不論「張穎」有沒有作弊，但是，李嗣涔先生是在自己的實驗室中以科學方式在驗證此事，而且這是第一次對「隔空抓藥」特異功能進行驗證，而不是如同他曾經長期對小朋友「手指識字」已經做過非常多次的實驗，有相當程度的認知和已經獲致了一些結論。而且任何實驗原本就不能有「先入為主」的看法，更何況這是一個他不曾做過的實驗，更應該超然、客觀的來進行，而且不論成敗都應該假設其有無限的可能性，然而，李嗣涔先生最後的結論卻透露了事實真相；他在驚愕之餘，並沒有保持客觀超然的實驗精神，反而對實驗結果武斷的賦予了自我主觀的意涵，說藥是「佛送來的」。

再者，即使「張穎」這次在台大李嗣涔先生實驗室所作的「隔空抓藥」是真實的特異功能展現，依然不能因為「實在不知道怎麼解釋」就武斷的說：「只能說是佛送來的藥。」，更何況證諸事後「張穎」多次被抓到作弊的情事，如果在台大實驗室這次能夠抓到藥也是靠作弊達成的，那麼李嗣涔先生這樣的為她『背書』豈不是非常令人遺憾的嗎？

其次，一向備受李嗣涔先生肯定讚賞的所謂「擁有特異功能的少女高橋舞」，在這次實驗中所扮演的角色也非常關鍵；因為就在「張穎」最後終於「隔空抓藥」成功之後，或許是在「李嗣涔」教授說「我實在不知道怎麼解釋，只能說是佛送來的藥。」的同時，或許是在之後，高橋舞說：「我看到一道光下來，藥就從她手裡落下來了。」

如果，「張穎」這次實驗沒有作假，那高橋舞說她看到「一道光」當然未必不可能，但是，如果「張穎」是靠魔術手法作弊達成而「抓到藥」，那麼高橋舞的心態就非常可疑也非常可議了，甚至也會讓人不禁要聯想到她以往和以後所作的實驗證詞，可信度到底有幾成？

不幸的是；「張穎」作弊的行為已經是被確定證實了，而且不止一次，甚至不得不讓人懷疑「張穎」這位一向頂著「特異功能」光環的大陸女子，極可能從來只是靠魔術手法在欺騙大眾，實際上根本沒有任何特異功能。那麼，在台大實驗室的那次「隔空抓藥」的實驗，真實性一樣低到幾乎完全不可信，那麼，高橋舞所說：「我看到一道光下來，藥就從她手裡落下來了。」的話，可信度也因此隨之會降到最低。

我沒有見過李嗣涔先生，我也沒有見過高橋舞小姐，但是，我不能同意李嗣涔先生的一些解釋和結論，而且，我也不相信高橋舞所說：「我看到一道光下來，藥就從她手裡落下來了。」的話。甚至於對於她之前和之後的所有實驗證辭，我也無法相信。

張穎「隔空抓藥」當場被抓包

論「張穎」的「隔空抓藥」（下）

最近有個號稱大陸特異功能人士的女子張穎，先是搞得台灣媒體當成奇聞而大加報導，我看了幾次新聞畫面中她「抓藥」的手法，真的是忍不住要啞然失笑了，因為實在太假了，果然，後來就被魔術師「粘立人」先生當場抓包。這還真的是意料中的事呢。

因為我曾專程去大陸採訪過所謂特異功能人士，可惜，做假的情形非常普遍，當然這絕不表示我不相信人體特異功能的存在，只不過，因為我從小對江湖門道和魔術，法術，騙術都非常有興趣，自己懂得或破解過的「江湖戲法」或者「宗教騙術」也很多，所以，像她這種「隔空抓藥」的手法，在我看來是相當粗糙的小兒科把戲，而且真的是雕蟲小技而已（正因為手法太粗糙，所以才會當場被抓包啊），如果必要，我也一樣能表演得毫無破綻，甚至比她更精彩細膩。

至於魔術師「粘立人」先生所說的「蠟」，其實是許多職業魔術師慣用的一種材料，或者改用兒童粘土，效果也不錯，目的是把事先準備的藥丸「暫時」粘在桌子下面，第一要粘的住，但是又不能粘得太緊，而且還要能快速的和藥丸分離，這樣才不會把藥丸和蠟（或粘土）弄得糾纏不清，所以，兒童粘土是不錯的材料，甚至還可以用來製造空屋鬧鬼，亂砸東西的虛假靈異現象呢。

我也完全贊同「粘立人」先生的見解，因為如果只是娛樂表演性質，那無可厚非，如果竟然號稱神醫，一次收費高達6000元，那就真的是可能會害死人的騙局了。

今天的民視各節新聞已經播出獨家畫面，在昨天的記者會中，民視記者拍到張穎作弊的畫面，用慢動作和定格播出，非常清楚，證明她確實有事先夾藏藥丸在左手中指和無名指的夾縫之間。等於是拆穿了她的騙術。

我對李嗣涔教授一向十分敬重，尤其是他多年來用科學方法研究各種神祕現象的精神，更是令人欽佩，但是，這次，他挺身為張穎背書，實在是有欠考慮的舉動。因為或許是君子欺之以方吧，我想，李嗣涔先生畢竟是學者，對於一些江湖門道或者宗教騙術可能不太了解，所以才會一時被蒙蔽吧。

再補充的更明白一點：

我們先假設張穎確實擁有「隔空抓藥」的能力。只是，以此能力來「抓藥」非常耗時，耗體力，而且未必每次都能順利成功。

她為了順利收費賺錢，所以『偶而』（或經常）必須以作假的方式來「提高」成功率，那麼，『假設』此次公開表演確實是作弊的。

但是在正式接受科學檢驗時（譬如在台大李嗣涔先生的實驗室中），她施展了真功夫，不但成功的以特異功能抓到了無中生有而來的藥丸，也完全沒有任何作假的破綻，那麼又能證明什麼呢？

是因此證明她從未作假，證明她每次抓來的仙丹妙藥確實都能對症下藥，藥到病除，起死回生嗎？或者證明此次民視攝影機是誤拍，桌下或後來她手中夾帶的藥丸只是畫面的髒點，還是證明有人故意剪接誣陷？？？

其實我已經說得非常含蓄了，在目前特異功能假多真少的情形下，以科學反覆驗證當然是一種合理的研究方式，可是如果因此以為單單這樣就足夠，完全不考慮反方向，多了解一些江湖門道或宗教騙術，那麼一些騙術未必不能騙過儀器或科學家自以為可以明察秋毫的肉眼呢。所以即使是科學家本身，如果不能多涉獵一些江湖門道和宗教騙術，或者至少有些這方面的專家可以「旁證」，那麼其驗證結果也未必是百分之百肯定的，而且也是相當危險的。

我個人看過不少所謂特異功能的表演，也留下不少拆穿的紀錄，覺得最簡單的見解就是：只要是用魔術手法也能完成的，我通常都不予採信。

針對此次「張穎隔空抓藥」的單一事件而言，對於李嗣涔先生的某些見解，個人卻不能苟同：

一、李嗣涔先生認為張穎是經過中共方面認定確有特異功能。

※　但是，有沒有特異功能和會不會作假那是兩回事，正如同我們不能以特別強調的語氣說某人是學法律的，來暗示學法律的人就不會犯法。

二、李嗣涔先生認為究竟「張穎隔空抓藥」是真是假，應該經過科學的反覆驗證才能下結論，並且認為檢方以詐欺罪來偵辦的舉動太過草率。

※　李嗣涔先生此言差矣，張穎即使有任何了不得的特異功能，同樣也必須守法，任何公開為之的行為，當然也和一般人一樣必須受到法律的檢驗。因為法律是保障民眾生命財產安全的基本防線。李嗣涔先生既然承認自己並不敢確定張穎此次來台施展隔空抓藥的能力是真是假，那麼『萬一』是假，這麼多誤信她的民眾因此被詐財，甚至可能因此延誤正常醫療而致使病情惡化或者冤枉送命時，張穎不用負刑責嗎？而檢調單位應該視若無睹而置民眾的安全和基本權益於不顧嗎？我個人反而認為全體國人應該為檢方此次的明快行動大聲喝采才是。

又及：民視「異言堂」節目於7日晚間已播出更完整的「作弊」畫面，包括承認該節目事前已決定前去破解，所以一共出動了4部攝影機前去會場部署有利的攝影位置，而魔術師也是由他們安排的，並偽裝成攝影師的助理才順利混入會場，因此，能拍到「作弊」的畫面絕不是偶然，而且在張穎左後方那台建功的攝影機只是一般小型家用型的V8，正因為不起眼，所以沒有引起張穎的注意，結果不但拍到張穎表演抓藥前，桌緣下方已經粘了一團深色的藥丸，張穎隨即將手握住桌緣，拇指在上，其他4指在下，迅速摸索到藥丸，並且「勾」住藥丸，將手掌移往空中，先藏於無名指和小指的指縫，然後又藉著虛晃比畫的動作，逐漸將藥丸移向中指指縫：：以上這些動作在慢動作和倒帶、定格的反覆播出中，讓大家看得一清二楚，作弊手法昭然若揭，根本無所遁形。

之後，另一段張穎在另一次為病患調氣的畫面中，經過倒帶定格的動作，同樣發現她左手指縫中是事先夾帶藥丸的作弊情形：：所以，張穎是不是具有特異功能是一回事，之前是否一貫的作假，是一回事，但是這次在台灣公開收取高額費用為民眾診病抓藥並且夾帶作弊，那是另一回事，何況檢方目前只是還在調查階段，並非未審先判的將張穎以詐欺犯即時送人牢籠治罪，難道檢方不能有合理的懷疑嗎？或者那些仍在支持張穎的人士認為；只要宣稱擁有特異功能就可以取得法律豁免權或科學豁免權，任何人或檢調單位都不得懷疑嗎？（本文為本書作者於事件發生之當時，發表於網路）。

附錄：

（台北訊）針對檢察官分案偵辦大陸特異功能人士張穎公開展示「隔空取藥」是否涉嫌詐欺，研究特異功能已久的台灣大學教務長李嗣涔昨（五）日表示，張穎經過大陸國防部最嚴格的認證，他寧願相信是真的，科學需要多次的檢驗，在未確認真假前就調查張穎並不合理。李嗣涔表示，張穎的特異功能經大陸國防部科工會五零七研究所二位科學家認證，而這兩位科學家與他熟識，就他所知，這兩位科學家是大陸最嚴格的科學家，他寧願相信大陸的認證，相信張穎的能力是真的。

李嗣涔拿出大陸人體科學研究中心一九九四年的一份報告指出，目前大陸科學界已證實「隔空取藥」現象確實存在，至於張穎是否擁有隔空取藥的特異功能，這是兩回事，他只看過一次，尚無法論定真假，他說，特異功能的科學驗證過程，必須經過數十次、甚至百次才能驗證真假，並非靠一次記者會，或是一、兩次的認證就能論定，所以檢察官調查的做法不恰當、不合理。對於外界傳聞張穎是李嗣涔邀請來台，李嗣涔也特別澄清說，張穎是來台探視婆婆，只是因為有熱心人士知道他研究特異功能已久，安排雙方接觸，而他對於「隔空取藥」的功能，也抱著「不妨看一下」的心情與

張穎見面，並非他邀請來台。（本文摘錄自2001年1月6日中華日報）

（筆者新評註：李嗣涔先生對於「張 穎」女士『寧願相信是真的』，真的是非常奇怪的言論，李嗣涔先生個人相信與否，他人無法置評，但是，搬出一大堆大陸的「認證」，並不能保證她就一定不會作弊，何況已經是在電視上被公開抓包，還要為她辯解，這豈是一個科學人，一位台灣最高學府的教授所可為之事？「張 穎」被媒體和魔術師抓到作弊，李嗣涔先生的說詞尚且如此曲意維護，如果確實作弊卻沒有被發覺，那麼真不知道又是什麼樣的另一番說詞呢？）

「神仙賜藥」治百病

神奇的中國戲法之一

這件事情是發生在我很小的時候，我記得；那時我可能還沒讀小學，因為看電影還在「免票」的階段，所以父親常常騎腳踏車載著我去看電影。那個時代還沒有電視，一般人平時的娛樂不太多，所以「看電影」是一般普羅大眾非常普遍又便宜的娛樂，父親是軍人，所以通常比較喜歡看戰爭片和武打動作片，當然那也是我小時候最喜歡看的，軍人可以買半票，我又不用買票，所以父親通常都會帶我一起去看的，但是偶而他自己也會看一些所謂經典的文藝名片，那時候，大約平均一星期會看一次電影。

我記得有一次，父親說好要帶我去看一部西部武打片，所謂的西部武打片，內容大都是美國騎兵隊和印第安人大戰這類以槍戰動作為主的，就算我那時候還不認識字，反正看畫面；看兩邊開槍打來打去，只要知道那邊是好人；那邊是壞人，就能夠看得興高采烈的。

這回，原本滿懷興奮的讓老爸騎著腳踏車載我來到電影院門口，但是，結果卻大失所望，因為老爸記錯了時間，原來想看的那部西部武打片已經在昨天下檔了，今天上演的是一部經典的文藝愛情片，忘了片名，因為沒有興趣，所以記憶自然非常模糊了，大概是「魂斷藍橋」、「羅馬假期」之類的。在我那種年紀對這類影片本來就不可能會有興趣，總覺得「大人們」很奇怪？那些男男女女的外國人不是一直講話就是抱在一起親嘴，然後親完嘴又繼續講話，實在不知道這樣有什麼好看的？因為我又不認識字，當然看不懂字幕，對這種從頭到尾一直講話，還有親來親去，既不開槍，又不打戰的電影真的是一點興趣也沒有。

我想；當時老爸應該是非常頭大的，他當然知道我沒興趣看，如果非要哄我進場，要不是吵鬧不休；就是可能會在電影院裡面睡著，有可能因此著涼感冒。但是老爸自己非常想看這部片子，何況載著我騎了很遠一段路才來到電影院門口，為了我不喜歡看，而自己也不能進場的話，他是會很失望的，可是要怎樣才能安排我呢？

就在他傷腦筋的當兒；電影也快開演了，無巧不巧的，就在電影院旁邊的小街道上，有人在表演戲法，那是在一個一樓有大店面的民宅之內，門口正有人在大聲宣傳和招攬觀眾進去觀賞……

聽到有戲法表演，嘿！這個我倒是非常有興趣的，老爸也知道我是很喜歡看別人變戲法的，就領著我去跟那些正在招攬觀眾的人；問清楚了入場費用和演出時間。我記得，那個戲法的表演一場大約是一小時，收費很便宜，好像大人三塊，小孩只要一塊，很巧的是，這戲法要連演兩場，也就是兩個小時，雖然兩場表演的內容完全一樣，但是，兩場時間加起來和那部電影放映與結束的時間差不多，老爸問明了我的意願，我點頭表示要看人家變戲法。於是他就去和門外正在收錢的中年女人商量，也只是要求他們同意讓我連看兩場，等電影散場之後就會馬上來接我，大概因為看電影的觀眾比較多，看戲法的並不是很多，何況我只是一個很小的小孩子，只要我乖乖的，不吵不鬧，他們也不差讓我多看一場。

我當時是非常高興的，雖然沒有看到西部武打片而有些失望，但是只要不跟著老爸進電影院看很悶的文藝片，能夠有戲法可以看也是滿不錯的，老爸那時急著要買票進電影院，只是急急忙忙交代我乖乖看人家變戲法，兩場中間不要自己跑出來，連看兩場完畢後就在門口等他，電影散場以後他就會來帶我回家，當時我當然乖乖的點頭答應，於是他把我帶進去，找個好位置，讓我坐在一張矮小的竹凳子上以後，就自己去看電影了。

說真的，雖然我以前也常常看過人家在變戲法或者是變魔術這類的，有些時候是在路邊，有時候是像馬戲團之類；是在大帳蓬裡表演的，但是，這一次我可真的是第一次看到用這種方式的表演戲法；現在回想起來，那種戲法既不是西洋的魔術也不是純粹中國戲法，反而完全像是一種宗教形式的「法術」，因為連變戲法的主角和所有男男女女的助手，他們穿著的全是某種宗教的「道袍」，只是那時年紀太小，看了也不會懂，實在弄不清楚那是什麼樣宗教的道袍，而且，他們在變戲法的過程裏好像隨時都會點香燒紙錢，還畫了很多的符咒，我覺得那種氣氛非常神祕，甚至會讓我有點害怕，而且老爸和我事前根本一點都不知道他們所要表演的內容到底是什麼？

我記得就在我前後一連看這兩場戲法當時，在整個場子裏面大概每場都只有二、三十個觀眾而已，不論大人小孩都是坐在那種竹製的小凳子上，這個場子裡面也沒有正式的舞台，只有在場子中間擺放了一張很大的長方形桌子，鋪蓋著畫了紅色符咒的黃布，上面放了很多道具還有法器，並且點了很多大大小小的蠟燭，每項戲法表演的時候，他們都會把電燈關了，只留下蠟燭的火光來照明，說真的；那種氣氛實在非常的詭異，也更增加了戲法的神祕性；

只是年代實在太久遠了，有些戲法的內容已經不太記得了，但是也正因為當時年紀實在太小，從來沒有看過這樣的戲法，所以看了覺得非常精彩，而且觀眾之中；男男女女、大人小孩都有，每當表演完一項戲法之後，大家都會連聲驚呼，所以說起來算是滿精彩的……

我記得有些戲法好像是像什麼「八仙過海」啦，「剪草化魚」啦、「口吐火星」啦、「傘滾火球」啦、「牽牛入甕」啦……，而且每一次的戲法過程之中，那個主角；應該說那個表演的法師，他都會不停的畫符唸咒，還有很多奇奇怪怪的手勢以及踏著非常特殊的步伐（後來成年以後慢慢才知道那個叫做「步罡踏斗」）；

不過，現在回想起來，其中讓我記憶最深刻的戲法有兩樣，其中一項表演就是「神仙賜藥」（也就是前一陣子鬧得沸沸揚揚的那個「隔空抓藥」啦），第二個就是大卸八塊的「生宰活人」。

「神仙賜藥」和「仙人摘豆」

說到「神仙賜藥」這項戲法，表演的法師，一上場就率領助手，唸咒畫符，焚香燒紙，向天地和四方神明祭拜，感覺起來非常隆重，那時年紀雖然很小，也能覺得接下來的表演一定比前面那些戲法更加精彩；接著主角那位法師不知道是用了什麼樣異常巧妙的手法，隨便在空中東抓西抓，接著就幾乎是無中生有的在手中變出了幾顆小小的黑色藥丸，然後就開始拜謝神明；並且非常鄭重的說明這些藥丸是仙人所賜，是來自於仙界的「仙丹妙藥」，而且這種仙丹妙藥，可以治好任何大大小小的毛病，不管男女老幼，任何內科外科傷科婦科種種的毛病，也不管是新病舊傷，通通可以治好。但是比較特別的是；必須當事人提出要求很虔誠地祈禱，並且很清楚的向神仙報告自己的毛病，這樣神仙所賜下來的丹藥就可以針對他的毛病對症下藥。

那時候因為年紀小，我並不是太懂？正在四處拜請的那個法師加上旁邊的一些助手；他們極力的在向場中觀眾吹噓仙丹妙藥得來不易，請大家務必把握機會，我忘記了這樣求來的「仙丹妙藥」到底要收多少錢？忘了是要五塊還是十塊，總之是比入場費用還要貴就對了。那時候真的並不了解其中的意義，但是現在回想起來；我想這才是他們「表演戲法」真正的目的，也是真正可以賺錢的一種方式。也所以，他們的入場費用收的非常便宜，事實上他們是靠這種手法來賣藥賺錢，而且嚴格說起來，它的架構方式也是安排得非常巧妙，比一般那種在路邊上打拳賣膏藥的方式完全不同，因為打拳賣膏藥的方式總是必須強調是祖傳祕方，所以必須展出一些很名貴的藥材，或是抬出自家很有名氣的祖傳招牌，很吃力的表演一些硬工夫，才能吸引圍觀的一些觀眾掏錢出來購買。

但是在這個變戲法的場所，他們是用各種神奇不可解釋；能讓所有觀眾看的非常精采的戲法來吸引大家，先建立起大家的信心之後，相信他們確是真的是有呼風喚雨，撒豆成兵的神奇法術之後，而且更神的是還能和這些神仙或者小鬼溝通，然後他們還可以針對每個觀眾各別不同的毛病；祈求並憑空變出來的一些「仙丹妙藥」，到強調是神仙「特別恩賜」給每一個人不同的丹藥，絕對可以對症下藥而治癒疾病，這樣的說服力當然是非常之好的。

所以，當時一些有能力的大人，都紛紛掏錢出來購買那種難得的「仙丹妙藥」，我記得的是；法師和助手們一直催促觀眾趕快雙手合十向神仙報告自己的姓名還有疾病，那個法師就會當場立刻畫符念咒並踏著不同的步法，比劃著各種手勢，然後就會變出一些黑色的藥丸出來，然後他們的助手就會端上一杯杯的清水，當場讓這些觀眾把藥服下，當然錢也是要當場收的；

說到些助手，我記得男男女女都有，但是大多是一些二十多歲的女孩子，很熟練的倒水給觀眾們服藥，同時一面收錢。

當然，那時我年紀這麼小，再加上看到很多大人都相信這法師是可以從神仙那邊求得一些「仙丹妙藥」，並且可以治好大家的疾病的，所以那時我當然也是非常相信的。但是當我成年以後，曾經也在其他場合看過類似這種「神仙賜藥」的法術，甚至在一些宮廟的宗教法會上也看過大同小異的「表演」，也所以總是會勾起我童年時那個鮮明的記憶；特別是在我開始從事「靈異報導」和「靈魂學」方面的研究之後，加上自己對江湖戲法，各種法術，不管是我經歷過的，或者自己去研究過，自己學過的，後來當然不會相信這種靠戲法來賣藥的方式是真的，當然也不相信有所謂神仙會賜「仙丹妙藥」給善男信女的說法，更何況是必須花錢才能購買這些仙丹。

所以，這也是為什麼我在電視上第一次看到所謂大陸特異功能人士「張穎」在表演「隔空抓藥」的時候，我第一個反應，就可以認定她是假的，只是一種江湖戲法，因為我在還沒讀小學以前就已經看過了，而且那種用雙手都伸出食指中指比成所謂的「劍指」，互相交疊，在額頭附近轉過來比過去這樣的一種手勢，我小時候看的就是這樣，真的幾乎沒有什麼差別。應該說是「張穎」的表演喚起我小時候的記憶，所以我根本不相信那種「隔空抓藥」的方式會是真的，而且依稀記得小時候看戲法當時，那個表演的法師也是說好像是白鬍子的仙人從葫蘆裏面倒出來；要他賜給有緣的天下蒼生的。

這倒還真奇怪？不知道是不是同一個門派所傳下來的，也就是「張穎」在電視上陸陸續續所表演，所使用的那種手法不管是變成丹藥和搓成藥粉灑下來，以及他的手勢都和我小時候以及後來長大以後；在一些宗教法會上看過那些個戲法都幾乎是完全一樣的。所以我第一次看到她在電視上表演「隔空抓藥」的特異功能時，立刻可以肯定她是假的，只是那時我已經隱居，對這類騙術沒什麼興趣，也沒打算怎樣，只是和家人當成談笑的話題，覺得她這麼「覽腳」低級的江湖手法居然也敢跑到台灣來騙人，膽子還真不是普通大，而台灣人也未免太好騙了？

不出所料；後來果然被魔術師「粘立人」先生公開踢爆了，並且也多次被不同的電視台的攝影機當場拍攝到她用各種「夾帶作弊」的方式在欺騙社會大眾，最後她更被法院以「詐欺罪」提起公訴。而這種「隔空抓藥」的手法有一個特定的名目就叫做「仙人摘豆」。也所以這只是一種魔術手法，甚至根本就是一個騙局，和人體特異功能完全沒有任何關係。

「生宰活人，大卸八塊」

神奇的中國戲法之二

那個時候，我年紀真的非常小，別說還沒有什麼一般常識，更別說聽過什麼「生宰活人」，或者「大卸八塊」這類的事情，在看到這一個戲法的時候正是當表演者賣完「仙丹妙藥」；真正賺了一些錢之後，接下來就是強調好多次；今晚最最精彩壓軸好戲的表演，當時我真的是嚇了一大跳，因為他們的壓軸好戲將要表演的就是「生宰活人、大卸八塊」；

想想看，那個時候我頂多是六歲不到的年紀，孤單的一個人；坐在一個完全不熟悉的場子裡，其他小朋友都是年紀比我大些，而且還有爸媽帶者，至少還有點依靠，而全場只有我是孤伶伶一個人面對著一個自己完全不了解的狀況，而且完全沒有想到最精彩的壓軸好戲竟然是這麼血腥恐怖的？

只記得一群男男女女的助手，把原先那個長條桌上所有東西很快速很熟練的收拾得乾乾淨淨，然後又快速的鋪上了一大塊黃顏色的布，黃布上畫滿了硃紅色很大的符；佈滿一整桌子。接著從後面黑色的布幕那邊走出來了一位大約二十多歲的女子，也許以我現在年紀來看，她是一個年輕的女孩子，但是依我當時五、六歲的年紀來看；我實在不能夠確定她真的年紀？只知道是一個大人；或者就是一個女人。她一出場就在所有觀眾面前把外衣脫掉了，全身只穿著了內衣和內褲，觀眾中有些大人叫了起來，可是我那個年紀，從來就沒有看過這樣的景象，也說不出來是害羞還是害怕，總之看到一個大人，尤其是女人竟然穿的這麼少，實在有點不自在。而且我真的不知道再下來要表演的是甚麼？因為完全聽不懂什麼是「大卸八塊」？

可是看到一個女人穿著這麼少的衣服站在大家的面前，我真的並不是很敢「正眼」去看，所以前半段有一小部份的過程在第一場時根本沒看清楚，之後只見到那主持整個表演的法師開始一面畫符一面焚香向四方膜拜；然後用燒著的符紙在那個女人臉上和身體前前後後；一面唸咒一面比劃著……然後那個女人就閉上眼睛，全身搖晃晃好像睡著了一樣，然後就在其他助手幫忙下抬了起來，表演的法師讓那個女人面朝下趴在那張長方形的桌子上，側著臉睡著；接著助手們又在她的身上蓋一張同樣畫滿符字的黃色布，雖然可以看清楚那些符字是用紅色硃砂畫的，還有一些好像是鬼臉一般很恐怖的圖畫，當然我並不知道他畫的是什麼或寫的是什麼，那時一方面是不認識字，而且就算是認識字；像這種符咒之類的東西，相信有很多人也是一樣看不懂的，所以印象中比較深刻的就是那些「鬼臉」圖形。

這塊黃布不大，蓋在那個女子身上，是從脖子蓋到膝蓋下方一點點的地方，寬度也不大，雙手都攤開的露在外面，我記得這塊黃布上除了符、圖之外還有一些破洞。黃布蓋好後，接著，表演的法師花了非常多的時間在趴著的女子身體上方不停來回的畫符燒紙，並且好像一直在拜請什麼鬼神之類的。然後那些男男女女的助手們每人手上都拿著各式各樣的刀，用雙手捧著高過頭部，非常隆重嚴肅的樣子，看起來真的是一個非常莊嚴的儀式，那些刀的確是真的刀，每把刀上面都貼滿了各種黃底紅字的符紙，現在回想起來，我記得比較清楚的是，有方型的大菜刀，還有市場豬肉攤上才會看到的那種「牛耳型」切豬肉的刀，還有一些是長型切魚用的那種尖刀……到這時候，我還不知道他們要表演到底是什麼？但是場面確實有點恐怖。

我想；當時我雖然沒有因為膽小害怕而用手把臉捂住，但是我一定不是用正眼看的，所以有些細節我並不是看很真切，我記得還算清楚的就是；這位表演的法師先隨便從助手那兒拿了幾把刀，用來劃開符紙、削了些紅蘿蔔甚至劈開一根甘蔗，並且讓前排的觀眾檢查了一下，證明是真刀，而且都是鋒利無比的，然後就從助手那兒把刀一一慎重的接過來，尖刀用刺的，方刀就用尾部鋒利的部份一把一把的砍嵌在另一張小木頭桌面上……

但是，很快的；就在眾目睽睽之下，法師高高舉起一把很尖銳的刀，就以迅雷不及掩耳的速度和一種令人驚悚的手勢；將尖刀插進了那個女子的腰部，全場的觀眾在這時全都忍不住而異口同聲地尖叫起來，還有小孩子嚇哭了……

奇怪的是；我記得很清楚的是；雖然有鮮血從女子腰部的傷口流下來，但是被刺殺的這個女子卻彷彿渾然不覺，完全沒有掙扎大叫，只好像輕聲悶哼了一下而已，接著，很快的，法師舉起另一把尖刀又在這個女子的另一邊腰部快速的刺下。我倒是在第一刀插下時已經嚇壞了，在這之前我從來沒有看過這種殺戮的場面，不管殺雞殺鴨還是殺豬宰羊，都沒有看過，又何況是眼睜睜的看到這種殺人的恐怖場面？加上事先我真是沒聽大人告訴我這樣的事情，老爸把我一個人孤伶伶的扔在這裡之前，也沒弄清楚甚至完全沒想到會有這麼嚇人的表演內容？而且這時鮮血就順著黃色的布往下流，雖然我和那張長形的桌子距離不是很近，但是還是看得一清二楚。我不知道當時我自己有沒有發抖，因為我小時候體弱多病，不是一個很有膽量的小孩子，所以就算因此而嚇得發抖也是很正常的事情。

接著，那個表演的法師，又從助手那邊拿過來了一把切豬肉用的「牛耳刀」，先把那個女孩子伸出到黃布外面的手，就按在手臂和肩膀交接的那個關節地方，找好部位立刻用力往下就切了下去，於是馬上就又引起了所有觀眾的高聲尖叫，下一步，換了另一邊的手臂，也是同樣的位置，也是看來非常用力的就切了下去，還可以清楚聽到好像刀子切斷骨頭關節的「喀嚓」聲，除了流血，我想那女子的兩隻手臂應該是已經斷掉了，只留一點點的皮肉連接在一起而已吧？

在衆目睽睽之下殺人分屍

我想當時我要不是看呆了就是嚇傻了，因為接下來的，法師又用不同的刀，從大腿和小腿連接的膝蓋那個部位，也是非常用力的切下去，一樣可以聽到切肉和骨頭的聲音，當然，鮮血一樣就從那邊流了出來，等兩邊的腿部一一切完畢後，法師從助手那邊又接過來一把非常大的方形菜刀，比我們一般家庭用的菜刀大上很多，上面貼了很多符紙，法師舉著那把大菜刀又四面拜請，燒紙唸咒了一番吧，就在那個女子的頭部到脖子那邊比劃著……

我想那些大人都應該知道他要做什麼事情了吧？而且膽小得已經縮起脖子，一些膽量比較大的；應該是男人吧，卻是伸長脖子想看得更清楚，就在這樣亂紛紛的騷動中，只聽到有助手在大聲敲鑼打鼓，就在大家都幾乎完全沒有準備的情況下，法師就雙手抓著大菜刀的刀把和刀背；在那個女人的脖子那兒非常用力的切了下去，我非常確定我聽到了喀嚓一聲，在那個年紀我想我會應該很確定那個女子的頭已經確實是被切斷了，我不知道我有沒有跟著大家一起尖叫？因為當時大家都是不停的在尖叫，因為大量的血已經從脖子被切下的那個地方流下來，並且一直滴到地面，這是非常恐怖的一種場面，但是也就是在這樣的同時，觀眾面前的一大塊布幕很快的被拉了上來，我記得大家都看到最後那一個鏡頭，就是法師正在用毛巾擦拭手上的鮮血。

當然，這場精彩又恐怖絕倫的戲法表演也就在這個時候結束了，我不知道觀眾們這時候有沒有鼓掌，還是大家都已經跟我一樣被嚇傻掉了，但是既然已經表演完了，大家也就議論紛紛的走出這個場地……

這時看著大家紛紛離場，只有我一時倒有些不知所措，但是，幸好，這時好像是來了一個算是大姐姐的女人吧，她流露著很和善的笑容，要我不要害怕，示意我就坐在原位不要動，所以我也就很聽話的一個人乖乖的坐在那個小的竹子小凳子上，

那個年紀對時間也沒有太多的概念，也不知道我自己到底就這麼呆呆地坐了多久？不過現在回想起來，我應該很慶幸就這樣鬼使神差的能夠接連看了兩場表演，不然，我不只是可能會嚇得晚上做惡夢，甚至我想我可會嚇出一身病來也說不定；為什麼呢？

因為，我是孤單一個人進來看表演的，不像其他的小孩子還有父母陪著，就算害怕，有父母保護和解說，或者就直接告訴他們那個只是魔術不是真的，也許心理上會得到一些安撫，比較不會那麼害怕。但是我是單獨一個人看到這樣血腥恐怖的場面，心裡受到了非常大的震撼。如果不是接連看了二場，如果我和別人一樣；在第一場結束後馬上就離開了，我相信對我的心裏一定會有很大傷害，所以我說；幸好我是接連看了兩場。

因為就在第二場觀眾陸續被招攬進來之後，即將要表演之前，我卻看到那個剛剛被「大卸八塊」活生生殺掉的女人；居然又好端端的穿著原來的衣服，身上沒有任何血跡和傷口，她竟然也和其他助手一起幫忙在整理那些道具和法器，還有說有笑什麼事都沒有，我當然先是嚇了一跳，但是，接著我卻因此大大的鬆了一口氣，因為「她並沒有真的被活活殺死！」

這時她看到我這小孩子竟然是一個人呆呆的坐在那裏，而且一直好奇的看著她的一舉一動；不知道是不是看出了我的大惑不解？竟然也和善地對著我笑了起來，我還是嚇了一跳，但是很快我就真的安心了，因為她確實還是活人，不是鬼，而且她真的沒有死也沒有受傷。雖然那時還不是很懂什麼是魔術?什麼是法術?或者是不是有可能死和復活的事情，但是我可以肯定的是，這個女人一點事情也沒有，而且是活生生的，看起來也沒有受傷流血，雖然我心裡還是非常的驚奇，猜不透到底是怎麼一回事?但是真的是鬆一口氣，不再害怕。反而因為她一直衝著我笑，害我還十分不好意思。

接著，當第二場的觀眾紛紛坐定之後，精彩的戲法表演就又開始了，所有表演內容和第一場大同小異，沒有什麼改變，但是我因為心裏面已經不再害怕，覺得比較安心，所以反而看的更是仔細，也看得特別津津有味，到了快結束前，法師和助手們又開始在賣仙丹了，現在回想起來，才想到原來他們真正是靠賣這種仙丹來賺錢的，所有的戲法表演，只是一種招攬客人上門的噱頭手法罷了。

等到賣仙丹的過程結束了，這才是大家所期望看到的最精彩的壓軸好戲，就是「大卸八塊」的表演了;整個過程和道具完全一樣，竟然連助手也沒有換，還是那個女人，但是這這時候我才敢正眼看整個表演的過程，現在想來，應該是那個女孩子是全團裏面長的比較好看的吧?也許是身材比較好，比較有看頭，對那些男性觀眾比較有吸引力。我當時年紀那麼小，倒是不會想到這些事情的，只是覺得這個女人還真可憐，連續兩場都是她被殺，為什麼不換別人呢，還覺得有些不公平呢。

這一場我可是看得很仔細了，法師先用法術把這個女人催眠（長大以後才知道「催眠」這個名詞，那時只知道法師用法術把她弄睡了）了，等完全沒有任何知覺之後，在其他助手幫助下扶著她趴在鋪好黃布的桌子上，然後那個法師在唸咒畫符一番之後，第一把尖刀是插在他左邊的腰部，第二把尖刀是插在右邊的腰間，接著，用切豬肉的那一種「牛耳刀」，把左邊的手臂切了下來，再用另外一把刀把右邊的手臂切了下來，對了，我想起來了：那個師父不管用什麼刀，也不管是用刺插的或是用切的，但是絕對沒有將刀再拔出來，就一直把那些刀留在原先他切下去的地方，當然，這也包括了最後那把很大的方形菜刀，對準女人的脖子很用力壓下去，喀嚓一聲之後等血流出來了，流到黃布上，又滴到地上，但是那法師還是沒有將那把大菜刀從脖子那兒拔起來，就留在那兒。但是我卻有看到更奇怪的景象，那師父在助手把一塊黃色布完全蓋上那個女人的頭部之後，竟然用手揪著那女人的頭髮往外扯出一段距離，感覺上好像頭部被拉斷而和身體已經分開了，但是也因為有布蓋著，當然看不出來，只是會因此讓人有一種「身首異處」的感覺而已，所以不知道是不是真的是這樣？

總而言之，在我那年紀的心裡面，是認為這個女人是真的被殺了，因為有流血，而且頭部和身體也分了家，只不過，老爸去看的那場電影；散場的時間還是晚了一點點，所以我自己一個人站在門口等他電影散場的時候，也因此有機會好奇的一直往剛剛表演戲法的場子裡偷偷張望，想看看那個被殺死的女人是不是還是一樣會死而復活？結果，還真沒讓我失望，但她早已經完全洗刷乾淨了，還是穿著原來的衣服，同樣是好端端的和其他助手一起整理場地，而今天晚上一共兩場表演都已經完全結束了，

因為在那個時代，大家都早睡早起，很少在外面混到很晚，所以最後一場電影通常都是在晚上十點多就結束了，也所以像這種法術的表演也是配合電影上映的時間，也必須在十點多的時候同時結束，因為再晚，街上已經不會有太多的人群了。

我想，這是我小時候一個滿特殊的經歷，加上我對兒時一些事情的記憶不錯，所以在這麼小的年起，幾乎還不懂太多人事的時候，竟然一個人真的看過「大卸八塊」的表演，後來，在我三十多歲開始採訪新聞以後，也只是在華西街夜市那兒看過別人

打拳賣膏藥的時候，又看到了一次類似這樣「大卸八塊」的表演，雖然，我小時候就知道那只是一種戲法，並沒有真的把人活活殺死。但是我卻一直不知道他們是怎樣表演的？

殺人種瓜，名作家倪匡也目睹過

一直到到後來，大名鼎鼎的漫畫家「牛哥」李費蒙先生，把那本江湖祕笈借給我回來拷貝，在我後來慢慢細讀的時候，竟然在其中發現了那個「大卸八塊」的祕密，所有的細節都跟我小時候所看到的大同小異，果然只是一種江湖的戲法而已，當我了解了其中的關鍵和祕密所在，我當時是非常興奮的，不只是從小藏在心中無法解釋的謎，竟然在這一本祕笈中間找到了答案，而且所謂的「祕訣」其實並不是很困難（其中的關鍵我不便在本書中詳細的解釋或破解），但是我可以肯定的說，戲法畢竟只是戲法，再怎樣驚奇，再怎樣恐怖，終究還是假的，這是因為我們不知道其所以然，所以才會感到驚奇恐怖，甚至也可能信以為真。

特別值得一提的是；知名的科幻作家倪匡先生在他少有的；完全根據自己的親身

經歷所著的「靈界輕探」一書中，也描述了他童年時期看過的一些「大戲法」，其中就提到他親眼看過「大卸八塊」的表演，但是，不同的是；他看的是在戶外空曠地點表演的，沒有大陣仗，只是一個中年男子的跑江湖表演者，還有一個十歲左右的小孩子，只蓋了一個麻布袋，只用一把刀就把那個小孩子在眾目睽睽之下，切成了六塊，而且手腳和頭部都拉出超過了正常的長度，這是他覺得最不可思議的地方。

不過，他看到的切開頭部手腳是在麻布袋底下進行的，和我小時候看到是在黃布外面進行的不同，此外我看到的也是「切開」分成六塊，那為什麼要叫做「大卸八塊」呢？關於這點，倪匡先生也不是很明白，但是，我在那本「江湖祕笈」中找到的答案；其實原本應該是切開分成「頭部、左右手臂、左右大腿、左右小腿（連腳掌）、軀幹」一共八塊，所以才會叫做「大卸八塊」，但是不知道為什麼後來減省了切開大腿和臀部那兩刀的手續，所以變成了「大卸六塊」而已，（其實，在古典名著「西遊記」之中也有記載齊天大聖孫悟空和妖怪鬥法而互相表演「大卸八塊」的故事）。

還有一件比較奇怪的是；倪匡先生在「靈界輕探」一書中提到這同一個表演者在施展這「大卸八塊」之前也表演了一手「五鬼大搬運」的戲法；就是在花盆裡種了一

粒「瓜子」，用「馬糞紙」捲成的空筒罩在花盆外面，澆了點水之後，每掀起一次外面遮罩的紙筒，裡面的「瓜苗」就會長大一些，然後幾乎在短短的時間內，就能開花結瓜，並且還能把結出來的黃瓜切片給圍觀的群眾嚐嚐。

這點倒確實奇怪又有趣；因為在台灣各地跑江湖變戲法的一直都有一種屬於「大戲法」的名目，就叫做「殺人種瓜」，其實這不是指單一種戲法；殺人是指「大卸八塊」，「種瓜」就是指倪匡先生說的「五鬼大搬運」瞬間種出黃瓜的戲法。

我小時候看到的那次驚心動魄的戲法表演之中就有「種瓜」這齣戲法，可是因為那時一直覺得黃瓜會比較快開花結瓜沒什麼多稀奇，和後來「神仙賜藥」以及「大卸八塊」這種嚇死人的戲法來相比，更不覺得稀奇，所以記憶上就比較模糊，但是，後來，我也是在跑採訪的過程中前後又看到幾次這種「瞬間種瓜」的戲法。奇怪的是好像「種瓜」和「殺人」這種戲法都是連在一起表演的，所以才會有「殺人種瓜」這樣一個集合名詞，倪匡先生看過，我也看過，奇怪的是「種瓜」都是種「小黃瓜」，從無例外，所以我認為應該是系出同源或者至少有某些關連性。

不過，倪匡先生一直認為「大卸八塊」和「五鬼大搬運」是屬於「靈異範疇中不可思議的法術」，但是，我卻不這麼認為，因為我知道那只是一種江湖戲法，兩種都是「障眼法」而已，不是真正的「法術」，關於詳情我不能講得太詳細，更不能隨便破解，因為我的答案是從「祕笈」上看來的，我即便不是此道中人，我也一樣懂得尊重規矩，嚴守祕密。因為，在整個大華人地區，還有不少此類門派中人是靠這種戲法在跑江湖混碗飯吃的，何況這種戲法不會害人或者詐財騙色，頂多只是一種「娛樂」罷了，所以，我不能隨便去敲破人家的飯碗。

不過，像「張穎」那種「隔空抓藥」的小把戲，竟然敢收六千還是八千的費用，她信口雌黃；所謂白鬍子老公公「送來」的藥，當然不可能治病，甚至還有可能會延誤病情，搞不好會害死人，這種騙子，那是任何知道內幕的人都不可以輕輕放過她的，所以在此，順便也給知名魔術師「粘立人」先生挺身揭發的勇氣鼓掌喝彩一下。

也所以，我真正想說的就是；即使是像「生宰活人、大卸八塊」這樣的戲法，一樣也是假的，那麼讓煮熟的花生起死回生又有什麼稀奇呢？還不一樣是假的？那種手法難道會比「生宰活人、大卸八塊」更複雜嗎？所以，很多人都會說眼見為憑，事實上，所謂的眼見為憑一樣是靠不住的，如果在觀念上沒有正確的邏輯，表面上看起來

很神奇的事情往往都只是一場騙局而已，再怎麼自命科學的人，也一樣會被騙得團團轉。

滿天神佛的奇門八卦陣

「大連人體科學研究所」的江湖把戲

（筆者按：很久以前我就開始接觸所謂的「人體特異功能」，，那時甚至還沒有這個包裝得「很科學」的名詞。曾經花了許多時間和心力四處找尋這樣的高人，蹤跡遍及港台、大陸、東南亞和日本，時間上早過台大李嗣涔的研究團隊，就連在各大學相關社團擔任顧問，率領學生一同四處做田野調查的時間也比李先生的時間要早，那時還有各自不同的「同好小社團」，包括「超常現象研究小組」、「通靈人俱樂部」、「氣功修習會」等等，而且還身兼「飛碟學會副理事長」和「超心理學會監事長」的頭銜再加上自己創辦的「神祕雜誌」………我自己也購買和開發不少相關的訓練或鑑定器材，更親身去經歷各種稀奇古怪的實驗；不過遺憾的是成果實在不如預期，雖然有過不少「驚奇之旅」，其中有些迄今無解還是人生大謎，但是，卻有太多太多卻只是魔術、法術、戲法、甚至江湖騙術而已，往壞處想是令人氣餒和白花時間、心力和金錢的，但是，往好處想：不只是增加更多拆穿江湖騙術的本事，更能在日後自然累積整合出一套評鑑模式，尤其是在一些邏輯思辨上，更容易先行從邏輯理論上就看出真假和動機。以下這篇文章撰寫於 1992 年左右，是我專程前往中國大陸探索「人體特異功能」的其中一次過程和心得，可以提供有興趣了解的網友一點參考，畢竟都是實況親眼目擊的，並且都有錄影帶證據，經過反覆比對驗證後的結果，應該更容易了解事實真相，而不是道聽途說的八卦而已。）

有許多次機會可以進入中國大陸，但不是因事忙就是臨時簽證出了問題而無法成行，因此早就該和大陸的特異功能界做更密切的接觸，卻一而再、再而三的錯過——

這回終於下定決心，搭上了飛機，取道香港，直飛位於東北的大連。

一份傳真的簡章，載明了這是一次「人體特異功能」的盛會，屆時不但人陸國寶級的奇人－張寶勝將蒞會表演，還有二十幾位「各擁神通」的奇人將輪番上陣，一顯身手；主辦單位是新近成立的「大連人體科學研究所」，而且根據事前的資料顯示：此一研究所的張所長本身就是位傳奇人物。他原是學西醫出身，卻在一次車禍意外中獲得了超能力，可以遙感診病和預知過去未來。而副所長季連元不但是「中國蓮元氣功」的創始人，更擁有不讓張寶勝專美於前的特異功能；一九九二年六月廿九日中午，懷著興奮、好奇的心情在大連下了飛機，望著停機坪遠處一排裹著防水布的米格十五戰機，望著一如台灣鄉下老火車站的大連機場航站，感覺十分異樣。此次同行的還有同是「台灣超常現象研究會」的超感應奇人陳明璋先生。

「大連人體科學研究所」的工作人員打著紙牌在機場迎接，隨即有專車接送到一小時車程之遠的目的地。沿途景象灰不灰、黃不黃的，有些落後荒涼。由於一大連人研所一位在新關的經濟特區，空曠與荒涼是必然的，實在看不出這就是中國的第二大港—大連？

遠遠的望見了一處朱瓦紅牆的中國宮殿武建築，分明是新蓋的，我心中十分納悶，大陸不是無神論嗎？怎麼會在經濟特區中蓋廟呢？

車停了，正在這「廟」門前，卻不見這個宮、那個觀的招牌，心想難道是要先帶領我們參觀這處廟宇？但不可置信的，門外一字排開的接待者卻熱情洋溢地道：「歡迎光臨人研所」

乖乖！原來這就是「大連人體科學研究所」，原以為會是一幢西式的現代化建築呢？竟然蓋得像寺廟道觀一般，雕樑書棟，龍柱拱門，實在很難和「人體科學」聯想列一塊兒：進了門，一眼瞧見了兩人多高的彩塑「哼哈二將」左右挺立，更是「廟」味十足。

接待者是生在台灣、長在美國，現今「回歸祖國」服務的黃三先生，口才賣相都很不錯，但左一句「領導同志」，右一句「祖國人民」，實在令我們這些土生土長的「台胞」聽得有些刺耳而難以適應。

他首先為我們一行三十餘位「台胞」介紹了「大連人研所」的源起及建築理念。

「人研所」是根據張所長的冥想構思，以易經八卦為藍圖，四正位是四幢二層宮殿式建築的房舍，四偏位則分建了四座涼亭，正中央太極位則聳立了一座八角五層的寶塔，西南方位立了三支旗桿，代表了儒、釋、道三教。最奇特的是，除了建築，所中的花木及小徑全是按奇門遁甲嚴格規畫的。

納悶啊！據我所知，八卦、奇門遁甲在大陸一直是被列入迷信而務必要剷除的，而此刻卻竟然被運用在一處國營的單位之中，居然還是打著「科學招牌」的研究機構，真是不可思議！

吃過了遲來的「粗茶淡飯」，花了兩個多小時才安排好住處，和陳明璋兄隨同其他來自台灣及美國的「僑胞」住進了與「人研所」一箭之遙的「銀帆賓館」，設備馬馬虎虎還算過得去。

晚餐後，「人研所」安排了外氣發放的試驗，地點在五層寶塔中。

先說這座寶塔吧：最底層，聳立了兩人多高的四大天王像：第二層正中供奉了「地藏王菩薩」，四周牆上則浮雕彩塑著十殿閻王和地獄圖象。真是奇怪？奇怪？奇怪……

第三層供的是孔子和儒門七十二賢。

第四層供的是道家的三清祖師。

第五層供的是釋迦佛祖等西方三聖。

接待者黃三，口中談的是「打坐練丹」、「參禪頓悟」，我們眼中看到的是滿天神佛，實在不知道和「人體科學研究」有什關係？搞了大半天，竟然連一部科學儀器或一份以科學方法研究的資料都不曾看見（註：事後數日，也沒看見）。竟然還是脫不開宗教、神道、民俗信仰的範疇。

緊接著，來自各地的華僑（以美國居多），而來自台灣的氣功人士；全是在報章雜誌上常有大幅廣告的知名之士，以及為求神功治病的各地人士，一共三、四十位，全被安排在三、四、五樓接受外氣發放的試驗。

主導者是張所長和黃三，以及另一位剛趕到的氣功大師許國強先生。據說這三人的氣功造詣都到了出神人化的地步，但首先還是由七、八位義務工作人員分別發放外氣。

在我們這一層，大家脫了鞋，踩在猩紅的地毯上，面對三清祖師，雙腳分開與肩同寬，閉目放鬆，由一位美國華僑王先生和一位鮑小姐來發放外氣。

據鮑小姐事前親口透露，她從未修習過一天半日的氣功，是在被大師們發放外氣「導氣」後，意外的就覺得體內有氣運轉，並且也能夠自在的發放外氣。

為了體驗一下大陸氣功的神奇，我心平氣和的閉目調息，但沒有讓氣運行，一方面不刻意抗拒，卻也不受自我暗示的搖動，只是單純的想煩略一下大陸氣功的功……

雖然眼睛閉著，而燈光又十分昏暗，但仍能憑聽覺察知全場的動態。十幾分鐘後，王先生和鮑小姐分別來到我面前發放外氣；只是，感覺到氣是有的，但十分微弱，若有似無，根本談不上「氣功」兩字，筆者不才，也三天打漁、兩天曬網的練了一陣氣功，當然也能發放外氣，雖然自認只是米粒之珠上不了檯盤，絕不敢自稱有什麼功力，但鐵定要比眼前的王、鮑二位要強過一些，

黃三來了，一再叮囑大家務必放鬆，如果想「動」就動起來，不要害怕，千萬不要抗拒，鮑小姐努力了一陣，筆者是一動也不動的穩若磐石；接著黃

三來到我面前，他的外氣顯然要強多了，但我實在感受不到洶湧澎湃、莫之能禦的氣勢，自然也無法出神入化的手舞足蹈起來，說真的，我是一直想嚐嚐被超強外氣引導的滋味，所以不可能刻意去抗拒什麼，不過卻仍然一動也不動。最後發氣的人放棄了，我這「受氣」之人才得以鬆脫，足足站了三、四十分鐘，連被蚊子咬了也不敢拍，實在很難受的。睜開眼退出一看，只見在場約十五、六人，手舞足蹈的約有五、六位，其中動得最厲害的竟然是一位台灣的氣功界人士洪先生……

據我所知，在雙方放鬆不抗拒的情形之下，氣強的人可以用外氣引導氣弱的人，使其隨之移動，但是，氣弱的人卻絕對無法引導氣強之人。然而此刻我看到的卻是這位號稱台灣氣功界的「高手」，被一位從未練過氣功的鮑小姐「耍」得前搖後擺、左晃右倒，實在難以置信。事後求教於這次從台灣一起來的其他氣功界朋友，大家一樣是覺得不可思議之至！

不過，如果鮑小姐自稱未練過一天氣功的事屬實，我認為這實在是最危險不過的。想想，一個從未受過正統氣功訓練的人，連脈絡都不知道，自恃有外氣的感應，而隨意發放外氣去引導他人亂動亂舞，其後果會是什麼？真是「瞎子不怕槍」的危乎其危了。

其實不論氣功的派別如何之多，但都有其一定的嚴密修行過程，絕不是自行看書可以修成的，如果沒有正確的方法和明師隨時在一旁指點，閉門造車的修練，輕則練岔了氣而傷身，重則走火入魔而瘋癲，豈能不慎？

但，也幾乎在同時，又聽聞了一個教人大失所望的消息：張寶勝不能來參加了；我急得四處打探，而據所裡的工作人員透露，張寶勝「突然」發病，肝腎不適，不能發功，所以無法來大連「共襄盛舉」，此時，台灣來的朋友正如當頭被潑了一盆冰水，真是失望之至，但工作人員顯然眼尖的看出了這點，立即安慰大家道：「其實張寶勝只不過是名氣大而已，我們這次請來的人鐵定比他更有看頭，單單季連元季大師要表演的就比他更精彩，保證讓你們不虛此行。」

這番話雖然讓我心裡稍稍好過一些，但失望卻沒有被沖淡，因為對張寶勝這位大陸國寶級的特異功能奇人實在是慕名已久，雖然也曾有其他管道可以親眼目睹，但心想總不如大陸官方舉辦的發表會更具有公信力。

回賓館前，黃三帶來了一個令人興奮的消息：明天一大早，有位老太大要表演召聚空中五彩祥雲和海市蜃樓的特異功能，地點在渤海灣海濱，一夜期待，六月卅日清晨早早起來，吃過早餐後一直等侯到九點多，黃三突然又宣布因為「某種原因」，這位老太太不能來了，但保證在住後幾天一定設法安排表演。期待落空之後，整個上午的時間成了人人失望的真空狀態，所方只好臨時安排介紹所有與會人員和各國代表，讓所有與會人員交流活動。

這又一次讓我見識到大陸辦事的草率與毫無計劃，連這樣一個號稱為國際性的「特異功能發表交流大會」都可以一改再改，其至連流程表、節日表都付之闕如。何時有何事，全憑工作人員一張嘴來決定，實在也是世界奇觀。（更需要補充說明的一點是，在我和陳明璋兄七月三日離開大連後，有些仍留在「人研所」待了半個月，最後於七月十三日離開的台灣朋友告如：這位被吹噓說能召請五彩祥雲、變化海市蜃樓的老太太一直沒有出現，所方後來連提也不提了，讓不少與會人士懷疑這位老太太根本就是子虛烏有，只是所方畫下的一塊大餅而已）。

包括奇人季連元在內，簡章上的二十餘位（據鮑小姐事前向台灣某著名大八開雜誌—Ｘ華報導主編宣稱的是一百零八位）大陸特異功能人士始終沒有露面，而所方的態度也諱之莫深，令人猜不透這些想像中三頭六臂的奇人異士，究竟什麼時候才會現身？簡章上載明的是六月三十日為「特異功能正式發表會」呀？

一上午，所有人全三五成羣的擠在小小的餐廳中「交流」，（筆者和陳明璋兄以「台灣超常現象研究會」研究員的身分，與美國代表團的三位能以精神力靈療的女士做了深入的交流。）

下午，又留下了一個空檔，再交流打屁就不像話了，所方只好安排大家去大連市區和海濱風景區遊覽。先到了景觀平平卻十分髒亂的大連海濱公園，參觀了「工人渡假村」，竟然在此見識到了無門的公廁：臭氣薰天，蚊蠅飛舞，別說蹲了，連站也站不住啊！

晚上八點正，在銀帆賓館的中餐廳裡安排了一場「特異功能發表會」，表演者是「人研所」的副所長季連元先生。

除了台灣、美國、日本的代表團，日本方面還有東京電視台屬下一家製作公司的採訪小組。意外的是中視「大陸尋奇」節也來到現場採訪，主持人凌晨小姐立即受到各方的矚目，由於筆者和凌晨小姐是舊識，在此地見面雙方都很意外。

季先生露面之後，竟比想像中要年輕，才廿七歲，皮膚紅潤細膩，中氣十足，令人直覺的想到他的功力應該不凡，而留了一臉的美髯更襯托出他的仙風道骨。

他一上場就四處徵求由觀眾自行準備的道具，一時間，男女老幼紛紛上台，為了客觀及求真，特將物品及上台者身分分列如下：

2支不銹鋼中型西餐匙：人研所工作人員施小姐

1枚新台幣的十硬幣：人研所工作人員施小姐

1罐百片裝的白色藥片：美國代表團某女士

1罐面霜：美國代表團某女士

2支鐵釘、2顆鐵球：大陸某賓館一位老先生

1大盒十瓶藥丸：大陸某小朋友

2塊紅磚：大會準備，經日本代表團團長粗略檢查

1件混紡質料的舊T恤：一位美籍人士

（註：這些人士及送上去的物件事後可以證明都是被安排好的自己人和做過手

腳的魔術道具)

以上這些臨時徵求的道具物品，全都堆放在台上右側靠近翼幕附近的一個講台上。

首先季先生拿起2支不鏽鋼西餐匙，宣布將以念力彎曲這2把湯匙，並解釋是以意念加溫的方法使湯匙軟化，他先後請來了美國代表團的某女士和一位大陸的小朋友上台，季先生將湯匙置於左手，匙面朝上，匙頭朝前，使出極人的力氣之後，宣稱湯匙已被加溫軟化，請美國女士伸出右手食指向下壓按湯匙的頸部，結果，湯匙在季先生逐漸彎起的手掌中很快彎成了70度，第2支是在小朋友的輕壓下同樣彎成了70度左右，每一次的時間只花一、二十秒鐘．然後季先生自己把一支已彎曲的湯匙來回扳彎了幾次之後，表示要讓匙柄和匙頭分別向不同方向轉彎，然後再以意念使其斷成二段。

只見他以拇指、食指和中指緊捏這支湯匙的頸部，先讓匙柄右轉，再讓匙頭左轉，最後讓匙柄向下彎成九十度，說是向全場來賓鞠躬，最傳終於斷裂，前後大約只花了一分多鐘。

（特別要說明的是，當時在現場目擊的筆者曾以 V8 拍下全程記錄，返台後拷成大帶以慢動作反覆觀看，發覺第二階段季先生表示要讓已彎曲的湯匙頭和柄分別朝不同方向旋轉時，匙頭部份極可能事先已經斷裂，因為從電視特寫畫面可看出匙柄和匙頭搖晃的幅度不一致（不同步），那麼，要讓匙柄匙頭先後朝不同方向旋轉鐵定要比同時朝相同方向旋轉較容易，而最後彎成九十度再斷裂，更是想當然的容易事）。

緊接著，季先生表示要表演一招，以意念將硬幣在手中氣化後隔空傳輸到密封的面霜瓶中去。

他取過了那枚做了紅色記號的新台幣十元硬幣，而把一罐面霜交給一位小朋友站在台上高舉著。

首先他運了一會兒「氣」，然後以右手食指及中指挾起了那枚硬幣，有些賣弄的（非一般人的尋常動作）交到了左手，然後為了取信觀眾，打開左手把硬幣倒在桌面上讓大家看，緊接著又用右手食指及中指夾起硬幣，先握成拳頭，高高舉起，迅速拍向左手，這是一個非常啟人疑竇的動作。（事後，根據筆者及不少有興趣的同好一起觀賞 V8 錄影帶，以慢動作分格放映吋，發現他將硬幣從「夾」變成了握拳，再展開拍向左手掌，而左手掌迅速握起的剎那間，左手掌中根本空無一物，反覆以慢動作觀看了數十遍後，可以肯定硬幣並未被交到左手，而右手拍掌的姿勢極不自然，大拇指和食指根部緊夾，極可能硬幣在握入拳頭時，已被夾在大拇指和食指的根部。因此這一過程只是一個假動作，硬幣根本未從右手交至左手。其實這樣的動作不但啟人疑實，而在手法上也不夠乾淨俐落，在傳統的江湖戲法上，這手法有個名目，叫做「八仙過海」。）

接著使出混身的力氣，在他對準左手拳頭吹了一口氣之後，硬幣「果然」不翼而飛，而黃三「果然」也在原本由小朋友高高舉起的面霜瓶中找到了那枚硬幣，一時喝采聲四起，顯然是人人讚賞。（重點是那個面霜罐事前沒有經過任何人打開檢查，事先作弊放一枚硬幣進去，兩者都沒有作記號怎樣證明這是原先消失的那枚硬幣呢？其實，這根本是非常低級的魔術）

隨即他表示要表演「藥丸穿瓶」，還是先前那位小朋友取過了一瓶百片裝的藥瓶，藥片是白色粉壓錠（如台灣的普拿疼或低單位的阿斯匹靈藥片，不是膠囊或者糖衣錠，他以左手高高的接過來，一面解說，一面以右手去握住（這個動作很快，現場不容易看出破綻，但事後在錄影帶上以正常速度及慢速分格播放反覆觀看時，發現他的右手早已握成拳，內中是否藏有相同的零星藥片不得而知，但以右手去握藥瓶的動作很不自然，好像握了某種東西再去握藥瓶，很是彆扭。）

他喚了六位觀眾，四男一女外帶一位小朋友前去近距離觀看，只見他用力甩動藥瓶，就陸續從握住藥瓶的左手中掉出了九片藥片。請台上觀單打開藥瓶一數，內中剩了九十一粒，台下立即報以熱烈掌聲。緊接著他要其中五位觀眾分別嚥下一粒藥片（好像是健胃開脾，有益無害的藥），然後季先生要那位女士坐下，以手握住其他幾顆藥片，再要吞了藥片的男士一一咳嗽，最後叫女士打開手掌一數，被各人吞下肚子的藥片又「神奇」的全數出現在她手中。

過了一會兒，他表示要表演手掌生煙冒火，以及燃燒衣物的絕技，並請了一位台灣氣功界的人士及台灣名主持人凌晨小姐上台去檢查他的雙手，並以冷開水洗手，表示手中事先沒有塗上任何藥物，接著一運氣，右手的指掌就冒出少量的白煙，然後他強調為了讓大家能更清楚的看到火光，所以必須關燈。

一聲令下，全場立即漆黑一片，但台上卻出現了一塊淺藍帶綠的光點，有如鬼火。

然後又一聲令下，燈火通明，但只見他快步走向講台後方，對那件T恤一揮一抓，T恤立即冒出白色微黃的濃煙，從開燈到衣物冒出煙，前後只有四秒鐘（從錄影帶計時顯示中得知）

雖然一時鼓掌聲四起，但事後眾人研討，這是當晚最大的敗筆，因為連一個普通的魔術師也會小心這種「瓜田李下」之事，豈能中途熄燈達半分鐘之久？試想，如果真要動手腳更換任何道具，在這半分鐘的黑暗中，什麼東西換不掉？何況放置道具的講台又緊靠著舞台左側的翼幕？

但據筆者往昔曾針對指掌冒煙及紙符自燃的江湖戲法所做的實驗，只要把化學元素中的「黃磷」加工成液體狀（像沙拉油一樣），使用時倒幾滴在手中，輕輕一搓，或煽動幾下，就可冒出白煙，在黑暗中也一定會看到淺藍帶些綠色的磷光。如果把此種液體倒在符紙或衣物上，一會兒就可冒煙燃燒，因為黃磷的燃點極低，在空氣中即可自燃，而在手掌中冒煙也不會灼傷皮膚，感覺上只是微溫而已。

因此之故，由於當晚的表演中，煙和火光的顏色都很像黃磷的現象，所以讓我非常懷疑？而事後為了求證，並徵得當事人同意，從那位美籍年輕人的T恤上剪了一片有灼痕的布片回來，回台灣之後立即送往正式之檢驗機構化驗。接著，季先生表演了兩支鐵釘分別刺人左右鼻孔，並將兩鐵珠吞入腹中再吐出的節目，這是一種外家功夫，可以勤練而致之，不是戲法也不是特異功能，所以不予詳述。

最後的壓軸好戲是表演以意念氣功斷磚。他先運氣，用右手食指、中指在堅硬的紅磚上挖出了兩道長十公分、寬約一指、深約半公分的溝痕，又在上方以食指指尖挖了一個圓洞，並請了一位台灣氣功界的朋友上台，經他「灌輸真氣」，借這位朋友的食指，竟然挖穿了磚塊。

（筆者註：表演全部結束後，為了查驗這塊磚是否事先做了手腳，一位持懷疑態度的台灣氣功界知名人士一個箭步跑上前去搶這塊磚，但先前上台去捐獻硬幣及湯匙的「人研所」工作人員施小姐手腳更快，拾起磚塊使勁把這塊磚敲碎了，動作之快、動機之奇，真令人大感懷疑，難道想湮滅什麼？幸好另一位台灣去的朋友手更快，搶了半塊上有兩道凹痕的磚塊回來，七、八位持高度懷疑的朋友在賓館咖啡廳仔細檢驗了一下，發現最可疑的是，這兩道凹痕的邊緣竟是直角痕跡而非圓弧形。試想，人的指頭是圓的，指甲也是弧形的，怎麼可能在紅磚上挖出直角溝痕來呢？假設不是紅磚而是一塊軟質的肥皂或奶油塊，用手指去挖，也不可能出現直角狀態呀！顯然事先已經在這些紅磚上動了手腳，而且做的又不夠「漂亮」，而那位施小姐當然知道內情，才會迫不及待的要「毀屍滅跡」）。

緊接著，季先生又請了三位觀眾上台，以蹲姿握住磚頭，高舉過頭，他分別以掌風及吹氣的方式，在兩公尺外左右的距離隔空打斷了磚頭，最後並請了一位觀眾上台，由他「灌輸真氣」給這觀眾，請這觀眾吹氣，竟然也「吹」斷了磚頭。

令人費解的是，如果姑且相信季先生有這分能耐，但一個未練過功的普通觀眾是絕不會有的，就算一支點燃的蠟燭，一般人在兩公尺外左右的距離想吹滅都不可能，何況吹斷磚頭？就算真的在「灌輸真氣」後立即擁有了神功，但準頭呢？萬一吹不準，豈不是傷及持磚的二人？搞不好吹偏了，沒吹斷磚頭，反而吹斷了人頭，豈不當場鬧出人命？

所謂「戲法人人會變，各有巧妙不同」，像美國的大衛・考伯菲，竟能把自由女神像變不見，又能穿越長城，如果不說穿了是魔術，而自稱是「特異功能」，豈不更是神通廣大？

第二天下午，所方在餐廳舉行了一個討論會，季先生也出席了，而日本代表團突然來了位怪人，正是在日本大名鼎鼎的超能力少年—清田益章先生。由於我以前曾報導過，一眼就認出了他的身分。

他率先發難，認為超能力或「特異功能」不是用來表演取悅觀眾的，並表示了極度的不滿和懷疑。接著來賓紛紛發問，一時氣氛十分尷尬，季先生幾乎招架不住，而黃三立時起來打圓場，先對清田益章的功力誇讚了一番，並轉移目標的請清田先生表演，卻被清田益章拒絕了。

最後，筆者義正辭嚴的發表了一點感想，同時也結了這場不愉快的討論會，謹將重點簡述如下：

「我非常贊同日本代表團清田益章先生的觀點：特異功能不是用來表演取悅觀眾的，而是人體科學研究上ㄧ個嚴肅的課題，任何特異功能都必須經過科學化、系統化的縝密鑑定才能肯定或否定。也許是兩岸對此一事件認知上的差異，我們所認為的特異功能是人體科學研究的一部分，是必須經過反覆試驗的，而不只是一場表演而已，同時為了求真及客觀，我個人認為若要避免「瓜田李下」啟人疑竇，應該盡量避免使用任何與魔術或戲法類似的方式，意即只要用魔術或戲法也能表演出相同效果的項目，就該避開或以另一種方式來展現，否則實在很難讓人信服……。」

說完，獲得在場如雷的掌聲，特別是日本代表團方面，在即席翻譯知曉內容後更是大鼓其掌，結束後並紛紛過來握手表示同感。

事後，「人研所」人人見我皺眉，所長「滿面笑容」的握住我的手道：「你的言論很尖銳！」

七月二日上午，有台灣氣功界的帶功報告，及來自台灣福隆靈鷲山的住持心道法師演講。接著，原本不打算表演的清田益章，突然表示要表演以念力彎曲湯匙。

此次前來的各國人士大約可分三類，一是如日本代表團及筆者等的研究採訪；二是台灣氣功界人士，為了交流及在台灣成立「人體科學研究分會」；三是重病在身的人，為了求神功治病而來。

但以筆者的立場觀之，「大連人體科學研究所」真正的目的，應是以治病收費為主，根據事後向「晚歸」的台灣朋友求證，鮑小姐號稱一百零八位特異功能人士，或台灣某報招攬廣告上刊登的包括張寶勝、嚴新等二十餘位特異功能人士，更或者那位據說能「召五彩祥雲、召海市蜃樓」的老太太全未出現，這個大餅畫得實在太大了。

而且後來重點確實也擺在治病及賣藥上。於是有人說：「真冤枉！花了好幾萬的旅費，千里迢迢到大陸看了一場台灣夜市的膏藥秀！」

如果讓我說，還是值得的，至少了解了大陸某些「特異功能」玩的究竟是什麼把戲了：問題是他們忘了：台灣人不是外國人，同是血脈相連的同胞，許多江湖戲法也是同出一脈的，台胞從小看多了，見怪不怪的。

註1、筆者自大連「特異功能發表會」現場取回的衣物焚燬殘片，之後經此間正式的化驗機構精密分析後，發現除衣物原有纖維之成分外，並含有高濃度的低燃點易燃劑，而且是磷及其他複合性多種元素的人工製品，所以也證明了這只是一場化學魔術而已，與「特異功能」一點關係也沒有。此外，在其他同行的台灣朋友互相交換的拷貝錄影帶上，因為拍攝角度不同，再次反覆觀看手掌冒火的戲法時，發現季先生表演前的用冷開水洗手的動作其實只是一個障眼法，讓大家鬆懈戒心，其實那個含有

磷的化學原料是塗抹在裝開水的玻璃杯底，他洗完手要放回杯子前，用力的摳了杯底幾下………

註2、後來筆者又在中國大陸及香港見過幾次知名的大陸特異功能人士，一樣是江湖戲法加上化學魔術而已，連最出名的張寶勝，我有拿到朋友拍攝的錄影帶拷貝本，結果發現他的手法也是如出一轍，從此讓我對於大陸特異功能「敬鬼神而遠之」，因為失望透頂，甚至，我自己發展出了一套「檢驗法」，我敢說中國大陸那些所謂的「特異功能」前十種方式，在我的「檢驗條件」下保證統統會原形畢露或者不能過關。（從大連回來之後，我立即設計了十項當時中國大陸最熱門「特異功能」的嚴密檢驗法，還設計了各種防弊道具，預備動用6台攝影機，號召一個包括頂尖魔術師在內的六人小組，在香港擺下擂台，懸賞新台幣一千萬，任何特異功能人士只要能做成功一項，只要我們無法舉證他作弊，就頒發獎金一百萬，因為需要大型媒體宣傳協辦，我找上相熟的「時報周刊」，和張總編輯商討細節，可惜進行途中，因為「周刊」正在拓展大陸市場，擔心得罪中共官方，所以這計劃也就胎死腹中，真的殊為可惜。）

「特異功能」與「魔術」之間

很巧的，前一陣子有一則和「魔術」有關的新聞；『……媒體引述台灣魔術表演藝術協會理事長黃全毅的說法，表示劉謙所表演的各種魔術，「我們魔術協會的魔術師每個人也都會」。黃全毅還找來一個女魔術師，當場表演預言魔術，徹底破了劉謙的局，媒體轉述黃全毅的說法，痛批「劉謙看扁台灣魔術師，根本就是踐踏台灣魔術師來成就他自己！大家還封他台灣之光？根本不配！」

對於魔術表演藝術協會的「創舉」，為劉謙舉辦魔術秀的經紀公司負責人氣憤對媒體表示：「如果魔術是真的，那就不用表演，直接變鈔票就好了，這個理事長，腦袋裡裝大便嗎？」』

這是一件非常無聊的行為，也是搬磚頭砸自己的腳的愚行；因為既然都是魔術師，就有各行的行規，所謂「戲法人人會變，巧妙各有不同」，自己努力研發新魔術來揚名立萬才是正途，拆穿別人的魔術技法是損人不利己的惡劣行為。

所以不用期望或者強辯的說那種魔術是真的，那個是沒有意義的，就算是「真的」什麼神通，只要表演者本身既然宣稱是「魔術」來表演，那就是假的；很多年前，大衛考伯非第一次來台灣表演時，有個通靈家庭搶著去和大衛合照，然後在媒體上宣稱「大衛」是通靈人，他飛越大峽谷的表演是真的，不是魔術……真的是很扯又無知的行為。

相反的，一旦宣稱是「人體特異功能」，那就必須是真的，不可以做假，更不可以因為技法的巧妙，沒有被抓到破綻就把魔術或者江湖戲法拿來包裝成「人體特異功能」，這不只是不道德，而且也是蓄意欺騙，如果還接受科學研究，那根本是違法的事（因為徒然浪費大筆財力、人力，都是納稅人繳的錢）。

因為有人又提到了「孫儲琳」這個名字；搜尋了一下她的資料，在她的自述中提到說：「……其中不少項都是我看了別人的表演或錄像後，自己反復琢磨苦練後掌握的。如用手爆米花是看了日本摩力克的錄像後學會的，燒衣服和復原紙幣是從張寶勝那裏學來的……」

關於「燒衣服」的戲法，在「大連的奇門八卦陣」前文，我已經寫過並揭開了這個化學魔術的真相，不用多談；其中她提到一個人名，那是非常值得一提的：這人就是『摩力克』！

『摩力克』曾是轟動全日本家喻戶曉的魔術師，當廿年前，在日本國內的名氣不輸給今天台灣的劉謙，在國際上的名聲，則比劉謙有過之而無不及，那時只要是日本的魔術節目，『摩力克』真的是當紅炸子雞，高超的魔術手法變幻莫測，令人目瞪口呆，風靡了無數的觀眾……

也就是在「大連的奇門八卦陣」那時，我提到日本超能力少年「清田益彰」，就是在那次事後的討論會之中，季連元被大家質疑到無法招架之際，想到的脫身之計是轉移話題，拼命讚美「清田益彰」的超能力，本來已經夠肉麻了，突然他好死不死的冒出了一句：「我最崇拜的兩位日本名人就是『清田』先生和『摩力克』先生，我看過很多兩位的錄像帶，真的非常神奇，希望能和兩位多多交流學習……」

日本翻譯正在翻譯給「清田益彰」聽時，我就知道大事不妙了；果然，「清田益彰」聽完翻譯，不等季連元說完，刷的一聲站起來，鐵青著一張臉大聲嚷嚷起來，同樣透過翻譯，他的意思非常不爽直接反駁：「『摩力克』是變魔術的演員，跟我的超能力完全沒有關係，請不要把我們放在一起相提並論！」

那時的「清田益彰」在日本同樣也是紅透半邊天的所謂「超能力」少年，年輕氣盛又有許多人崇拜，難免有點趾高氣昂，他不只走路有風，進出任何場所都是昂首闊步大喇喇的，對任何人都不會點頭微笑打招呼的；真的是酷到不行，所以對於季連元這種名不見經傳的小咖當然是不假以顏色的。

這下季連元可真的是馬屁拍到馬腳上去不說，同時也等於露了自己的底；因為他竟然非常的少見多怪（那時中國大陸剛開放不久，與國際交流極少，而且以季連元的年紀閱歷和身份，他的見識真的非常淺薄，他應該只是一個懂一點點江湖戲法的氣功人士，硬是被包裝成「特異功能」奇人），所以連魔術和超能力都分不清楚！難怪才會把『摩力克』和「清田益彰」拿來相提並論。

同樣的；在這篇「孫儲琳」的自述中，又提到了日本知名的魔術師『摩力克』，又是異曲同工的，同樣也是漏了自己的底；偏偏要把自己和假的魔術相提並論，混為一談，也同樣是搬磚頭砸自己的腳；這真的是「不打自招」，她一樣變的是假魔術，差別是『摩力克』給自己的定位是「魔術師」，所以他沒有騙人，但是，「孫儲琳」卻宣稱自己擁有「人體特異功能」，那樣的作為和言行就是惡意的欺騙。

這就如同；假設一個珠寶店賣的若是「真鑽石」，就不會把「司華洛世奇」水晶搬出來相提並論或者拿來為自己背書，因為「司華洛世奇」水晶雖然也是非常璀璨奪目，但是那只是人工製造的水晶玻璃。沒有商家會拿真鑽石去和玻璃相提並論的，除非本身連鑽石也沒見過，也不會分別鑽石和玻璃的，才會混為一談。把假的「魔術」拿來跟自己宣稱的「特異功能」相提並論，這不是自貶身價的問題，而是不小心漏了底，因為自身也是在變魔術玩假的唬人。

誰不好提，偏偏要提『摩力克』，結果兩個大陸特異功能人士季連元和孫儲琳竟然先後都是栽在這位日本魔術大師手裡！也是奇事！

補充資料：

終於找到這位日本魔術大師的相關資料，不知道是翻譯問題還是其他原因；有翻譯成「麻力克」的，也有翻成「麻立克」的，現在查到的又變成「馬立克」，其實和孫儲琳所說的「摩力克」其實都是同一人。

馬立克〔MR.Maric〕（站在日本魔術界頂點的男人）在日本，只要說到魔術師，無論是大人小孩，還是阿公阿嬤，心中都只有一個名字：「MR. 馬立克」。馬立克可以說是日本有史以來最為成功的魔術師，無論是名氣、知名度、曝光率，都是其他魔術師望塵莫及的。從1988年開始，他以所謂的超魔術（超能力魔術）震撼了日本社會，更顛覆了一般人對魔術師的既定印象（燕尾服、兔子、花、把人切成兩半等）。

他2000年的特別節目，創下了日本電視史上最高的收視率。他是唯一受邀至新年特別節目紅白歌合戰的魔術師，日本天王製作人小室哲哉，甚至幫他跨刀製作表演音樂。他至今出版過18本魔術教學書，每本都暢銷。最近，他還創辦了魔術學院及魔術博物館，吸引了大批民眾。

魔術師能做到這個樣子，我真是崇拜到五體投地。馬立克是日本魔術界的一代宗師。他對魔術這門藝術的了解，遠在當代其他魔術師之上，現在日本有許多著名的魔術師都出自於他的門下，他對時代的趨勢特別敏銳，因此總是能夠研發出最新最炫的魔術。

他曾經在節目中將上百隻企鵝從南極冰原上消失，讓現場特別來賓用兩隻手指舉起一輛貨真價實的汽車，用意志力控制金魚在水中游動的方向，讓烏龜在空中爬行等等。這些匪夷所思的表演，不但一般的觀眾覺得不可思議，連專業魔術師也常常是一頭霧水。

內行人都知道，一個好的魔術師所應該具備的條件，並不是技術，也不是道具，而是所謂的「表演者氣質(Showmanship)」，也就是說話的方式、語氣、動作的節奏、表情等等因素所融合成的一種風格。若欠缺這項條件，即使你的手法再好、道具再精美，也無法吸引住觀眾的視線，更別說讓觀眾享受你的表演了。而馬立克的厲害之處就是在於他全身上下所散發出的神秘氣氛及王者霸氣，讓他甚至什麼事情都不用做，光是站在那裡，觀眾的眼神就會自然的被它吸引。

影像網站：http://tw.page.bid.yahoo.com/tw/auction/f11445266

還是老話一句：魔術只是魔術！沒有真的！

《尋訪諸神的網站》其他問題綜論

在《尋訪諸神的網站》一書之中，有些問題，範圍較小，不能單獨成篇來討論的，全部歸納在本篇中一併探討；

依照原書頁數的順序：

第三十九頁第七行：

「……無色界和色界。這種雙重世界的宇宙觀，除了實有世界之外，還有一個虛空的世界……」

李嗣涔先生應該是弄錯了，佛教將「陽世人間」是列入「欲界」，而不是「色界」。

所謂「三界」是指「無色界、色界、欲界」，其中「欲界」又分為「天、人、阿修羅、畜生、餓鬼、地獄」六道，「陽世人間」是列入此六道之中。同時李嗣涔先生用了「無色界」來代表「靈界」，這也是不妥的，因為「三界」的範圍很小，層級也不高，「無色界」是不能用來代表或者涵蓋整個「大靈界」的，所以佛家才會有「三界火宅」的說法，因為還是要來輪迴轉世的（在第四十七頁第十行，同樣又誤用了「無色界」來代表「靈界」）。

還有一點；雖然只是名詞，但是用「虛空世界」來代表「大靈界」也十分不妥，因為所謂的「大靈界」其實是「真空妙有」的，而不是「虛空」的。

第七十三頁第二行以及第七十五頁第六行：

李嗣涔先生提到「連上信息場網站的要件」和「以神靈熟悉的文字連網」意思是指一定不能有錯字，還要依該神靈生前熟悉的文字來「輸入正確網址」才能和該神靈連上線，順利進入該網站。

關於這點，我真的不想再多說了，所有靈界的鬼神或者再高層級的神佛菩薩等等等等等等……都是使用意念來溝通，不是使用語言和文字，因為任何語言文字都是最粗糙簡陋的「表意工具」，地球人類的語言文字更是還非常低劣的「表意工具」。高度智慧文明的外星人「聽到、看到」大概都會大綴眉頭呢，何況是更高層級的「神靈」？

第一一二頁第一行至第三行：

李嗣涔先生認為：「有這麼多位如來合作經營，照管著天上的藥園，總有一天會把眾生的身心都醫治好才對。」

看看，直到二十一世紀的今天，人類還在為各種身心疾病所苦，一個 SASS 就搞得全世界人心惶惶，聞煞色變，而釋迦牟尼佛已經圓寂回去快二千六百年了，和其他七位可能更早成佛的如來，一起照管著天上的藥園這麼久，人類的疾病也不見減少，反而又增加了更多的文明病。真不知道人類還要等多久，「眾生的身心都能被醫治好」呢？

再比對第一一七頁第四行，「T小姐」那個師父說他「不受時間侷限」，那麼

「藥師八佛」當然更不可能會被時間所侷限了，應該可以在過去、現在、未來之間來去自如吧？如果是這樣，幹嘛還要等到「總有一天」的那時呢？直接飛到「未來」把各種已經培植OK的仙草神藥取回來，「現在」馬上賜給人間受各種身心疾病所苦的眾生，把眾生的身心都醫治好，不就天下太平，皆大歡喜，人佛共樂了嗎？

再比對第一〇九頁最末一行：說「藥師琉璃光如來」曾發願「……眾生不管求福求慧，驅病離苦，消災延壽，都可如願」。

如果真的是這樣，人間現在應該是「天堂」或者「極樂世界」才對。又何來如此多的災病苦難呢？慈濟又何必拿這麼多眾生奉獻的善款到處蓋醫院呢？在這「求福求慧，驅病離苦，消災延壽，都可如願」的『人間天堂』應該沒有醫院、療養院，隨處都是充滿幸福笑聲的遊樂設施才對吧？

小結論：『人類的問題只有靠人類自己解決，不是依靠神佛菩薩、上帝、外星人或者「信息場的師父」來解決！自從人類懂得思考以及有歷史以來，從來沒有來自神佛菩薩、上帝、外星人或者「信息場的師父」的任何救贖。』

（註：我相信在這個世界上，沒有任何人可以遍覽群籍，無有疏漏的。我讀的書

當然也不是很多，所以可能因此疏漏了有關的記載，如果有任何讀者曾經讀到那本正史或者統計報告之中，有詳細記載六千年的人類有史以來：《神佛菩薩、上帝、外星人拯救人類大事編年史》的，拜託拜託，務請通知在下，感謝不盡。如果是單一個案或者傳說野史或者宗教善書就謝謝熱心，真的不必了！）

第一一六頁第四行至第九行：

「請問手指識字實驗是否會擾動天界以至眾神靈前來觀察參與……」師父回答：「有時候會……」

李嗣涔先生似乎想得太「嚴重」了，一些神壇廟宇有時鄭重其事的拜請了半天，也不見得就能請到「神靈」降壇，玩個小小的「手指識字」又那有可能就「震動天庭」呢？倒是有可能和一些學生玩「碟仙、錢仙」一樣，容易招來四處浪蕩的孤魂野鬼，喜歡湊熱鬧的陰靈罷了。至於那個師父會這樣的回答，若不是「T小姐」自己的意思，那個師父本身大概也是常見的專愛冒充「神明」的鬼靈。

第一三八頁第六行至第十一行：

「……孫女士不只一次告訴我們，她年輕時候……看過龍來佈雨……如果這是真的，千百年來「龍」的神祕傳說和牠的神性一下子都清楚了，牠是信息場動物，不受時間空間限制，可能具有呼風喚雨的本領。」

又是「孫儲琳」，又是「孫儲琳」用嘴巴說的；為什麼她「空口白話」的說什麼，李嗣涔先生都會全盤接受，毫無懷疑呢？如果「龍」真的可以呼風喚雨，「行雲佈雨」是牠的天命職責，那麼依照「西遊記」第十回「老龍王拙計犯天條，魏丞相遺書託冥吏」的故事，涇河龍王因為和「卜者袁守誠」打賭，故意胡亂下雨，犯了天條，結果被魏徵在「剮龍台」上砍下了腦袋，「龍頭」掉落在十字街頭，被秦叔寶、徐茂功二人撿了回宮稟報唐太宗。

那麼台灣最近幾年來，每逢颱風豪雨就四處淹水，甚至土石流施虐造成許多人命傷亡，財產損失，鐵定是龍王失職，應該也會常常有「龍」被斬，只是不知道為什麼從沒聽過有人撿到「龍頭」呢？

第一四九頁第五行至第一五二頁第八行：

因為李嗣涔先生在對「T小姐」進行實驗時，一再遭到干擾，李嗣涔先生透過「T小姐」送出訊息請教：「大靈，您是從……」結果「T小姐」看到了一個穿著日本和服的「日本靈」，他兩手比劃著大叉叉，很不開心的說：

「今天是我的日子，你們今天不能做實驗，所以我把車子弄熄了火，後來別人叫我不要這樣，我才罷手的。」

呵呵……如果這不是「T小姐」自己編造出來的，那麼這個「日本靈」充其量只是一個飄蕩人間，不知何去何從的孤魂野鬼罷了，就那麼一點點小小的「鬼通」居然也敢在那裡「現」？

如果他真的是李嗣涔先生以為的什麼「大靈」，怎麼可能暗中動手腳，搞這種把車子弄熄火的鬼蜮伎倆？只有幺魔小鬼才會幹這種低三下四的事。

人類最可貴的就是能擁有「自主意志」，不能剝奪，不能拷貝，不能逼迫，但是卻可能被迷惑，或者被自己的慾望所出賣。所以別說是這種幺魔小鬼，就算是神佛菩薩或者魔王撒旦也不能用任何「強制手段」來逼迫人類就範。

李嗣涔先生說這是「T小姐」的第二位師父要來收她當徒弟，這倒有點像是民俗宗教中常見的「神明抓乩」，不過我倒覺得比較像「妖魔鬼怪在招兵買馬」，這個「日本鬼」的行逕也一樣，在台灣民俗宗教中的情形大略相仿，一開始一定是威嚇，接下來就會給點甜頭；讓她突然擁有一些「神通」（鬼通），於是就在這種威迫利誘之中，讓很多明明擁有「自主意志」的人類禁不起誘惑或者出於無知的恐懼而成為鬼怪的工具。

那麼難道人類沒有抗拒的方法嗎？

有！只要在內心中確實能做到「無所求，無所懼」，任何妖魔鬼怪的威迫利誘都無法奏效的。

第一五七頁第五行至第八行：

「孫女士告訴我們她在信息場有四位師父，常常在她打坐的時候來教她各式各樣的特異功能，比如把藥片從封閉的瓶內抖到瓶外的抖藥片功夫，就是她第一位師父某一天晚上告訴她訣竅，她一練就會了。」

問題一，為什麼又是「抖藥片功夫」？張寶勝是第一個展現這種功力的人，但是條件是一定要用手「緊握」藥瓶才能表演，如果真的能用「意念」讓藥片穿出藥瓶，「意念」那裡需要經過手掌才能傳遞呢？而張寶勝這招在中國大陸各地已經不只一次被「抓包」破功了。懂得其中竅門的人也早已不在少數；我自己也在中國大陸親眼看過這種「抖藥片功夫」，還有V8錄影帶完整紀錄，用慢動作格放，可以清楚看到「假特異功能者」事先將藥片夾帶在手掌中作弊的清楚畫面。如果真的是特異功能，為了避免引人疑竇，就應該直接把藥瓶放在桌子中間，隔空發功讓藥片自己掉出來，幹嘛要用手握住藥瓶拼命「抖」呢？

問題二，不知道孫儲琳有沒有告訴李嗣涔先生；這四位師父為什麼要這麼「辛苦」的來教她各式各樣的特異功能？也不知道李嗣涔先生自己有沒有想過這個問題？難道只是讓她學些「神通」，可以四處表演混飯吃嗎？或者還有其他更高的目的？但是，「神通」也只是「神通」而已，對人類的生活福祉會有什麼實質幫助嗎？譬如使盡渾身解數，好不容易才能把藥片從藥瓶裡「抖」出來，而且還無法準確的控制數量，那麼依照一般人正常的方式；扭開瓶蓋直接倒出來不是更快嗎？

讓小麥和花生快速發芽，也不過比正常的早發芽幾天而已，又有什麼實質益處呢？那些師父真的有無邊法力的話，幹嘛只教孫儲琳讓小麥和花生快速發芽而已，教她「無中生有」或者「一粒米麥化萬千」的本事不是更好，可以趕緊前往「南亞大海嘯」所有災區，用手輕輕一揮，所有災民立刻可以得到充足的米麥糧食，這樣豈不更是功德無量？也可以大大為她那「神通廣大」的四位「信息場師父」揚名立萬，讓世人永久感恩膜拜，幹嘛盡教些沒什麼用途的小把戲，頂多換來一些驚歎的掌聲而已？

附上一則小寓言：

『有個人，一直醉心於各種「神通法力」，終於費盡千辛萬苦，跋山涉水的找尋到一位號稱有不可思議「大神通」老師父，於是非常虔敬的拜在老師父門下修行，可是前後跟著師父學了三年，師父只是讓他和別的徒弟一樣「打坐、參禪、唸經」，其他什麼都不肯教，他終於忍不住的跟師父攤牌，師父說了：「只練神通是沒有什麼用的，而且只要你好好修行，火候足了，神通是自然就會出現的。」

這人非常不以為然，非要直接學「神通」不可，師父再三勸導也沒用。這人就離開老師父去別處另尋明師——

十年之後，這人來到老師父面前，得意洋洋的炫耀說：「哼！我跟了你三年，什麼神通也不肯教我，我去別的地方，還是學會了呢！」

老師父就問他：「哦！那不錯啊，你學到什麼了不起的神通了呢？」

這人很驕傲的伸出右手食指，只快速唸了一句咒語，食指上立刻冒出了熊熊火焰——————

老師父：「哦！很棒很棒，然後呢，還有什麼神通？」

這人：「喂！這是很難學的哩，我苦心練了十年才終於練成的呢。」

老師父不禁莞爾，叫了個小徒弟來，示意也表演一下，小徒弟聽話的一伸手，果然也冒出了火焰——————這人定睛一看，小徒弟竟然是用打火機打出火焰，這人生氣的正想分辯，老師父卻先開口了：

「你花了十年苦功，才能冒出火焰，我這小徒弟花了十元買一支最便宜的打火機，一樣也能冒出火焰哩，你浪費了十年只不過值十元而已呢。」』

第一八四頁第五行至十三行：

主題是李嗣涔先生請教「T小姐」的靈界師父：

「……我們這個宇宙是如何來的……」

師父選擇後的答案組合為：「……由宇宙大爆炸或量子真空擾動所產生的，然後由上帝幫忙它發展，」李嗣涔先生並因此認為「顯然物質宇宙的產生是後於神靈的產生。」

試問如果宇宙是這樣產生的，不知道宇宙大爆炸時，上帝在幹嘛？他是點引信的？或者他只是一個觀賞「煙火」的旁觀者？既然「宇宙大爆炸」前沒有宇宙（時間、空間），請問上帝是站在那裡（空間）點引信？又等了多久（時間）才爆炸？如果他是唯一的一個觀眾，他是站在何處觀賞這場超級煙火秀，如果沒有「空間」可以容身，不會被炸傷嗎？

第一八五頁第十行至十三行：

「……物質宇宙最原始的生命型態是如何產生的？……」

師父選擇後的主要答案：「隨機式的演化。」

這樣的答案不是和上一則的答案「自相矛盾」了嗎？所謂「上帝幫忙它發展」，

是幫忙什麼樣的發展？不是如聖經「創世紀」上所說的；人類和其他所有地球上的生命都是由上帝（神）所創造的嗎？如果，「物質宇宙最原始的生命型態是隨機式的演化而產生。」那麼，造物者就不是上帝，也就沒有任何造物者。那上帝的角色又是什麼呢？單純看熱鬧的觀眾嗎？

如果上帝只是單純看熱鬧的觀眾，他怎麼可以自稱是「造物主」？說人類是他在地上的僕人？還要人類相信他，事奉他呢？而且一不爽就用大洪水甚至核彈般威力的火焰毀滅地上一切的活物呢？

第二一九頁至二四七頁：

這章的篇名是「遨遊宇宙」，整章都是在和「信息場師父」探討外星人和外星文明的內容，「T小姐」的師父還帶她用「天眼」去觀察了外星文明，也見到頭上有二根天線的外星人。

我曾經在「台灣飛碟學研究會」發行的「飛碟探索」雜誌上，發表過一篇文章；題目是：「看到外星人要不要說哈囉？」內容大意是如果有機會見到外星人，最好不要很興奮的SAY「哈囉！」，更不要試圖招手、微笑或熱情擁抱，因為你不能確定他們的來意是善是惡？隨便來個「第三類接觸」，說不定會變成「飛碟宴會廳」今晚菜單上的大餐主菜。

我承認我自己對於飛碟和外星人的看法是屬於「悲觀主義」，但是，我當然有我的理由：歷史的殷鑑不遠，從人類「大航海時代」開始，歐洲人來到亞洲、「發現」美洲，無不是挾其船堅砲利的優勢文化來征服各地的劣勢文化，連明末清初移民台灣的「漢民族」不也一樣，何嘗對原住民心慈手軟過，不也一樣是巧取豪奪，無所不用其極？所以如果外星人不是比地球更優勢的文明，他們沒有能力來造訪地球，能來「造訪」地球，文明一定比我們優勢……他們一定是善意的嗎？

（註：有興趣的讀者可以在網路引擎上搜尋到原文，一直張貼在「台灣飛碟學研究會」的官方網站中。）

第二三九頁第十行：

「……結果「T小姐」就在天眼裡看著師父與一位外星人對話，而外星人頭上果然有兩根天線，……」

「T小姐」的師父要能跟外星人對話，這有二個可能；其一，外星人也有「通靈」能力，如果外星人和地球人一樣是「物質態」的，那就跟「T小姐」一樣，必須通靈有天眼，才能和「T小姐」那「信息場」（靈界）師父直接對話，其二，那個外星人也是「信息場」（靈界）的生物，非物質態的。

我不知道李嗣涔先生認為那些外星人是屬於「物質態」或者「信息態」的，但是，在該書第二三八頁第十一行，「T小姐」說：「……他們發明的這個機器可以創造出任何物品……」，我想那些外星人應該是屬於「物質態」的，因此，他們必須擁有「通靈」能力才能和「T小姐」那「信息場」（靈界）師父直接對話。當然，不能排除這個可能性，但是，目前國內外研究UFO、飛碟和外星人的專家學者，聽到這樣的事，應該會不太高興的，因為大家最討厭一般人總喜歡隨便把飛碟、外星人研究和「靈異、靈界、鬼魂、神祇」攪在一塊兒的。而且當然直到目前也無法證明飛碟、外星人是屬於「非物質態」的，更無法接受任何以「通靈」方式和外星人溝通的結果，因為完全無法實質驗證真假。

還有，「……他們發明的這個機器可以創造出任何物品……」這句話本身也有問題，所謂的「任何物品」是不包括「生物」在內的？還是包括「生物」在內的？如果是是包括「生物」在內的「任何物品」，那麼這些外星人本身就是造物者，就是上帝。

我不知道李嗣涔先生認為的「信息場」（靈界）究竟是「物質態」的？「能量態」的？「精神態」的？「仙界物質態」的？如果李嗣涔先生在下本大作中，能對這個問題明白的給予界定，那麼應該會讓讀者會有更清楚的認知，免得讀者對「信息場（靈界）師父」、「上帝」、「神靈」、「大靈」、「佛、菩薩」、「古聖先賢」、「鬼」、「外星人」等等的生態和層級如墮五里霧中，很難分的清楚？

附錄一：

台大李嗣涔校長的「佛神、上帝、靈界」的存在的實驗？

這是朋友傳給我的訊息；值得一看。但是，請細心的看，好好的思辨：

以下為網友傳來的訊息：

【震撼視頻】

台大校長科學實驗證明「佛神」、「上帝」、靈界的存在（一定要看）

請不要先入為主，像李校長開宗明義所說的：「用一顆開放的心，不涉宗教、不涉思想，給自己二十分鐘的空白。」

來看下面這段話是否能在你心中留下印象甚至啟示

視頻：人體潛能科學－台大校長李嗣涔講演
上集 http://www.tudou.com/programs/view/_84s8vFRIEc/
下集 http://www.tudou.com/programs/view/_OBox7gOErw/
其中驗證靈界資訊這一段，從下集的第 10 分鐘起
超強推薦！推薦！！

看完影片，不禁要問：這樣實驗的結果，拿來證明「神佛」和「靈界」的存在，不會太薄弱嗎？

當然！想想「張穎隔空抓藥」的事件吧。當時，在台大李嗣涔先生的實驗室中，李嗣涔看到張穎隔空抓出藥丸來，吃驚到不能自已，竟然說：「我完全無法解釋，只能說是佛送來的！」。既然「完全不能解釋」，為什麼就一定是「佛」送來的？上帝送來？天使送來？孫悟空送來？外星人送來？不可以嗎？剛好坐實他是有先入為主的觀念在作實驗。然而讓他跌破眼鏡的是：結果「張穎隔空抓藥」根本是個騙局。

再假設其中幾位主角（尤其是「高橋舞」和「孫儲琳」），其中只要有一個作弊或者掰神話故事，而李教授沒有發覺，這樣的實驗結果可以當成證據嗎？再假設如果二個主角都是靠作弊才能知道是「什麼字」？那麼實驗結果豈不是一敗塗地？

很糟糕的結果；這兩個人都是「作弊」。這是有實證的；在國際新聞上，高橋舞在大場合上被抓到二次「作弊」紀錄。（其中一次在美國，被懷疑用來密封紙張的膠帶下方有藍色的棉絮，顯示中間動過手腳，讓紙張得以在布袋內打開，最後再重新封起來。）。

從影片中，我們可以看到李嗣涔的主觀界定，他實驗可以說沒有客觀的心態來進行；所謂客觀的實驗；就是必須心無成見；抱著純粹實驗，不論結果是證明「是」或「非」，都必須接受客觀事實，否則如果一直「期望有」，就很容易忽視否定的條件，而且也會疏忽人為作弊的問題。

再認真思辨一下；「人為作弊」有沒有可能得到影片中所說的結果？

這影片是「2003」年拍攝的，在之前之後迄今，我從來沒有看過，我也從來沒有見過李嗣涔本人，也不曾看過他的實驗過程。我是看過他的兩本書，其中一本是「尋訪諸神網站」，其中有詳細敘述他對「手指識字」、「請教高橋舞靈界師父」，以及「孫儲琳」的「逆旋變實驗」，可以讓煮熟的花生發芽，可以讓煮熟的蝦子起死回生。那些一看就知道李嗣涔因為太急於證明「超能力」的存在，但是，他對於騙局和魔術手法完全一無所知，所以才會一再的受騙上當，但是，自己完全不知道還喜不自勝，得意洋洋的寫作成書，那真是「很難相信」，而且實驗過程更是完全背離客觀公正的原則，煮熟的花生竟然可以讓「孫儲琳」帶回家，第二天再帶來告訴他「發芽了」，這樣他也能夠相信，還當成成功的實驗。

（目前李嗣涔的「尋訪諸神網站」等兩本書又捲土重來，重新再版發行，在書店中發售，真的不知道還要誤導多少讀者？？？）

2005年，我出書批判他的相關實驗；今天在看到他的演講影片後，我非常欣慰，因為跟我批判的內容和結論相比對，我確定我的批判是完全正確的。

以下資料引用自網路：

手指識字疑雲

李嗣涔教授的超能力研究一直爭議不斷。在他的著作、演講中，最重要的一個案例大概非高橋舞莫屬。這位中日混血的女孩據說能夠用手指識字，甚至後來還可以和另一個世界的人溝通。

不過高橋舞至少曾經被抓到兩次作弊。

第一次是在日本被 James Randi 抓到。當時高橋舞跑去參加日本才藝表演之類的節目，然後節目請 Randi 當特別來賓。

根據以下資料

http://dagmar.lunarpages.com/~parasc2/en/amazrand.htm

http://www.skepticfiles.org/randi/randi029.htm

http://www.skepticfiles.org/randi/randi033.htm

在正式上節目的前幾個月，Randi 曾透過攝影機抓到高橋偷看的動作。

1996 年節目邀請 Randi 到現場當特別來賓，不過基本上只是 VIP 觀眾，不能照 Randi 的想法去設置，最後成敗靠現場觀眾投票而非 Randi 一人決定。

根據高橋舞和節目定下嚴格的條約，演出方必須對環境有完全的掌控權，包含光線、溫度、在場人員、進行方式等等一切有可能影響結果的條件。

因此 Randi 也在一開始就聲明，這次他只是以特別來賓的身分出席，無法在自己控制的條件下進行測試，所以無論最終結果如何，此次節目都不合乎 Randi 獎金條件。

節目分成兩個階段，第一關先照高橋的方式表演一遍；第二關 Randi 得以加入部分控制條件。第一關很成功，結果高橋在第二關觸礁，先是答錯好幾次，然後又被其中一部攝影機抓到作弊。觀眾投票的結果是高橋 59，Randi 141。最後電視節目只有播出成功的部份，而失敗的部份被剪掉了，我想可能與高橋和製作單位的契約有關。

在這個事件結束之後，高橋舞的家長控告 Randi 妨害未來演出機會。

http://faculty.law.lsu.edu/ccorcos/bibl ... issues.htm

Self-professed psychic sues"Amazing Randi" for ruining her career.

Sixteen-year-old Maie Takahashi has charged James Randi with deliberately maligning her and ruining potential business opportunities based on her claimed psychic ability which would have been open to her in the Far East.

另一次是美國亞利桑那大學心理學與精神醫學教授 Gary E.Schwartz，此君不是懷疑論者，和李校長一樣是研究通靈的人，並且和 Randi 不合。以下取自他所寫的《靈魂實驗》一書 (P.76~77)：

騙局充斥的領域

從不同管道聽聞消息，一名年輕的亞裔美國女孩，住在洛杉磯，宣稱有能力從折疊封閉的紙片，辨識出裡面撰寫的文字。相關研究從她九歲時開始，進行已達七年之久，重重報導出現在中國大陸各個期刊，不約而同證實她的能力。

也有其他研究，包括一直不相信所謂靈媒的 James Randi，則對此事提出質疑。

2000 年初，琳達和我有個機會，當著一群來自台灣、北京、舊金山、多倫多等地的科學家面前，對這名已經十七歲的女子進行測試。實驗過程中，先將一組隨機的英文字母及0到100的數字寫在紙上，然後將紙折疊數次，確定看不見為止，最後再放入一個不透明的布袋裡。

我們同意參照先前在台灣進行過的實驗步驟，讓布袋綁在女孩的手肘上，並允許她的另外一隻手伸入布袋內，探覺紙張。

第一階段的實驗，的確驗證了超能力的說法。但是，許多測試的環節似乎引人垢病。於是我們設計了更嚴格的防護措施，重新進行實驗。

第二階段的測試沒有完成。

我們中途喊停，因為博士班學生蘿妮尼爾森發現，用來密封紙張的膠帶下方有藍色的棉絮，顯示中間動過手腳，讓紙張得以在布袋內打開，最後再重新封起來。

經過攝影機精密的檢查，證實了我們的疑慮：這名女子非常有技巧地矇騙大家，偷窺紙張內容。

我們向女孩及其母親表示，願意再做一次實驗，不過要按照指定的條件——女孩的手必須從頭到尾露在外面，並且中間要隔著屏障，不能讓她看到手或紙張。

顯然條件無法接受，所以沒再對這個女孩做進一步的實驗。

後來，當女孩家人對 James Randi 提起訴訟時，我們還提供書面文件給 Randi 的律師。雖然在許多地方與 Randi 存有歧見，但只要他是對的，我依然跳出來仗義執言。不過到目前為止，這恐怕是極少的機會，使我們站在同一陣營。

（筆者評註：因為 James Randi 先生和他的研究團隊，為了證明「超能力」的存在與否，曾經懸賞美金 100 萬，給任何可以證明「超能力」確實存在的全世界任何人士。

其實，要客觀公正的實驗，可以（也是必須的）用任何屏障的方式，隔開受測者的手和眼睛，這是最簡單排除「眼睛看到」的可能性方法。我不知道李嗣涔先生為什麼從來不考慮這個必要的措施？？？

如果「在台灣經過科學證明『已經徹底煮熟的 10 顆花生』」，可以在公開實驗沒有成功發芽，然後就同意讓「孫儲琳」把那 10 顆花生帶回家繼續關著門來做，不但，李嗣涔先生本人和研究團隊沒有一個在現場目擊監督，甚至沒有任何監視錄影存證；只憑第二天「孫儲琳」拿來宣佈『已經發芽』的花生，然後其中有一顆被她的「靈界師父」帶去外太空了。於是李嗣涔就完全相信，在書中還寫道自己有時凝視「瓶中的花生」，也會想到那顆被帶去外太空的花生。

這樣叫做科學實驗嗎？中小學生做任何生物、理化實驗可以這樣做嗎？

那麼如果帶十斤台灣黑橋牌香腸，十斤新東陽豬肉乾，十罐廣達香肉醬罐頭，讓「孫儲琳」一起帶回家去做起死回生「逆旋變」特異功能發功實驗，第二天牽一隻三十斤的小豬仔，來跟李說：成功了，香腸、肉乾、肉醬統統回溯變回原本生前的那一隻豬了。這樣應該也可以成立的？應該可以信之不疑的！

如果這小豬少了一邊耳朵那當然又是被師父帶去外太空了。

不過，香腸、肉乾、肉醬確定原本是來自同一隻豬嗎？

其實應該帶個雞皮鶴髮的老太太去的；跟「孫儲琳」回去一晚上，經過「逆旋變」特異功能發功，第二天就變成一個荳蔻年華的美麗少女，這樣不是更神奇？

厲害！厲害！偉大的人體特異功能，可以得到諾貝爾獎的。

附錄二

老子與孔子的信息網站（李嗣涔）

——有一天我突然想到，如果信息場是網路的世界，神聖字彙是網址，那麼高功能人士大腦功能的高低不就是網路瀏覽器版本的新舊，思念及此所有謎團霍然而通。徐小妹妹功能最低，也許就像是IE（Internet Explorer）第一版，大多數網站是無法瀏覽的。陳小弟弟也許是第二版，可以多看一些網站。王小妹妹也許是第四版，「佛」字會把她引到一些中等的世界。T小姐可能是第十版，「佛」字會把她引到一些高等的世界，可以看到亮光及亮人。孫儲琳女士可能是第二十版，可以看到更高更殊勝的景象。原來人世間藉由電腦所連接上的網際網路與信息場的結構是那麼的類似：人就是電腦，大腦的手指識字的功能就是電腦內儲存的網路瀏覽器，信息場就是網際網路，神聖字彙就是網址，各個神聖人物在信息場創立的信息團塊，就是網路世界裡的網站。

由實驗結果看來，不但各大宗教的創教者在信息場內建立了網站，歷史上出現過的聖人、仙人，民間膜拜的神祇似乎都在信息場內建立了網站。祭祀祂們、崇拜祂們不是迷信，不是怪力亂神。祂們是真實的存在，只不過是存在另一度空間之中；科學正要引導我們邁入祂們的世界，有那麼一天我們會跟祂們直接打聲招呼：「哈囉」。

老子在信息場是有網站的，當我們於二〇〇〇年八月進行手指識字實驗，第一次以「老子」一詞測試T小姐時，她在天眼中先看到了一個暗的人影，背景正常；接著人影消失，然後「老子」兩個字出現。此後百試不爽，一碰到「老子」兩字都是先出現暗的人影，再出現「老子」兩個字。由於看到異象，表示「老子」兩個字是神聖字彙，我們可以藉由手指識字接上他在信息場的網站。

——北京中國地質大學「人體科學研究所」的沈今川教授及功能人士孫儲琳女士曾合作過一段時間的「意念攝影」實驗。他們把長方形的拍立得像紙放入相機，相機沒有鏡頭，向外曝光的一面用一片鋼板擋住。做實驗的時候，孫女士把手掌按在鋼板上，把腦中天眼上的影像直接投射在相機中最上一張拍立得的像紙上，成功後把像紙由相機抽出，等一分鐘顯影後再把像紙上的護套撕開，影像就在像紙上出現。他們五年來已成功的作成數百張的念攝照片，其中有一些是老子的照片。根據孫女士的說法，她在心裏呼喊「老子」這兩個字，結果天眼中就飛入一些影像，看的不是很清楚，隱約可見是一個老人，有鬍鬚、頭髮稀疏，或站或坐，或練拳、或在打坐，有各種姿勢，她選了一個打坐的姿勢投射到拍立得像紙上。沈教授把這些念攝照片送給了我一份，我一看之下大為振奮，只見照片上一片黃色的光芒下，襯托出一個老人打坐的身影，這不就是T小姐藉由「老子」兩個字所看到的「暗的人影」嗎?孫女士藉由意念、T小姐藉由手指識字，經由關鍵字「老子」而連上了信息場中老子的網站，看到了首頁的內容。我們何其有幸，沒有開發出功能，卻能在有生之年藉由念攝的實驗，看到信息場老子網站的首頁。

轉載節錄自「電機之友 第10期 科技報導」

（筆者評註：第一：「拍立得」照片是最靠不住的一種照片，因為拍攝之前是一張一張單獨插入相機的，拍完之後需要等待至少一分鐘以上才能撕開看結果，如果有心人要動手腳，在之前可以先拍攝其他物件景像之後，再當成未使用的新片裝入，也可以在事後用指甲或銳物刻劃，甚至用雙手擠壓相片中的顯影藥劑，都能產生不同的奇異效果，現在是數位相機當道，為什麼不試試能不能在數位影像上「弄個」老子近照？

第二，筆者在網路上看過孫儲琳表演「轉化物質的表演」，就是把一瓶清澈的礦泉水變成混濁的黃色液體，把一瓶柳橙汁變得像墨汁一般烏黑，重點是她一定要雙手緊握瓶子，不停搖動（為什麼要像調酒師那樣搖動呢？是在混合事先動手腳加入在「瓶蓋」中的顏料嗎？）……試試改用玻璃瓶裝的可樂吧；先用AB膠把瓶蓋部份完全封死，放在桌上，雙手完全不碰觸的條件下看看能不能把可樂還原成清水？（她最自豪的不是「逆旋變」嗎？）

第三，看過她把花生炒熟的種子「起死回生」還能長成將近三十公分有芽有葉片的樹苗，問題重點是她穿著長袖厚外套，而且雙手交握，雙腿打開站立，彎著腰拼命前後甩動雙手，最後就「變」出來了，這個不用魔術師來拆穿，外套長袖中可以藏多少「袖裡乾坤」？這樣不停大幅甩動，要甩出一條活生生的一、二尺長的蛇也不成問題，何況是一根花生苗？既然都是靠意念，為什麼非要靠雙手幫忙呢？有真本事，把炒熟的花生放在透明玻璃桌上，用多台攝影機全程拍攝，直接用意念讓熟花生發芽長出葉子，不是更能避免啟人疑竇嗎？否則像她那種手法，只是非常拙劣的江湖戲法而已，大概全世界的魔術師看了都會嗤之以鼻甚至作嘔的。這樣的手法也能信以為真嗎？）

附錄三：

特異功能與撓場研究爭議又一章

／李嗣涔封鎖論文10年　學界砲轟

台大教授批違反學術倫理

〔記者郭怡君、黃以敬／台北報導〕台大校長李嗣涔指導電機所研究生，去年六月完成的碩士論文「撓場理論與特性研究」，爆發「十年內禁止外界查閱」爭議！台大物理系多位教授及曾任中研院物理所所長的院士鄭天佐，抨擊李嗣涔此舉是違反學術研究應公開的自由精神，要求李應儘速解除封鎖論文並為違反學術倫理公開道歉。

李曾稱實驗突破撓場理論

台大物理系教授楊信男指出，去年八月李嗣涔在吳健雄科學營對資優生公開講述特異功能與撓場的關係，並聲稱他的實驗室最近對俄國學者Shipov也曾提出的撓場理論已有實驗上的突破；楊信男十月下旬請人到台大總圖幫忙印該篇碩士論文，卻得到「該論文應作者要求鎖住十年，在二〇一六年六月底前外界不得參閱」的答覆。

包括楊信男、張顏暉、高涌泉等台大物理系教授、中研院鄭天佐及台大化學系退休名譽教授劉廣定，對國家出資培育的碩士論文，身為校長的李嗣涔竟然下令對外封鎖長達十年，外界無法看到內容，網路也只能看到開頭目錄及參考文獻，均認為「太離譜了！」

消息曝光後，楊信男也發現，此篇論文目前在台大電子學位論文網頁的目錄、參考文獻等資料，已與之前存檔的版本不同，包括Shipov和李嗣涔以前發表的文章都從參考文獻摘除。

論文引發爭議章節被刪除

記者進而比較台大圖書館新檔資料與國家圖書館保存的原始版本資料，發現該論文內容由原本七十頁減為六十頁，曾引發爭議的「撓場與訊息場」等章節內容被刪除，參考文獻中「由手指識字實驗辨識特殊神聖字彙現象」等李嗣涔個人著作，都被刪減。

劉廣定強調，學術研究公開成果互相檢驗切磋，才是學術發展的正途，領有教育部獎助學金的學生，無論研究計畫經費是否為公家補助，都有對外公開的義務。

他舉例，美國哈佛、康乃爾及麻省理工學院等一流大學都是私立學校，但學位論文也都全部對外公開，沒有例外，只有作者欲提出專利申請時，可要求半年內暫緩公開。

學界質疑，封鎖十年不讓人看，是怕禁不起檢驗或有其他原因？楊信男回憶，他去年十月二十三日從台大網站查到此篇論文的摘要資料，便下載轉寄給全台大物理系同仁，得知台大總圖應校長要求封鎖論文十年的離譜作為，他和同事在最新一期「科技報導」，也發表公開文章抨擊此事。

成功大學校方表示，除非是研究贊助單位有明文要求研究不得公開，或是涉及國防機密而依法不得公開，否則成大的學位論文，就算基於申請專利或學術競爭需求，最多也只能保留兩年不公開。

成大指出，如果是經過公開審查且已授予學位的論文，實在沒有道理還要再修改引用的參考文獻；如果研究者有相當特殊理由要修改，也必須經過系所及所有審查教授同意，不能隨意私下變動。

政大則要求所有學生簽署學位論文授權書，除必須提供學校及國家圖書館保存外，也應開放外界檢索、閱覽。

教部要求台大提說明

（記者黃以敬、郭怡君／台北報導）教育部高教司表示，目前學位授予法僅規定學位論文必須送國家圖書館保存，但對於是否須公開，則授權由各大學自主訂內規。

基於學位論文應接受社會公評，學位論文應該不能太長時間不公布，且論文內容應不能在學位須贈後再隨意變動，將進一步調查，請台大針對研究生論文相關規範提出說明。

國科會表示，補助研究的結案報告，學者也可選擇暫緩公開，但期限最長只有兩年。

一般申請暫緩公開的理由，不外乎將申請專利、為避免關鍵資料被競爭者看到對己方不利等，又以工學院、新藥或生技產品研發最常見，台大就曾有藥學系教授要求指導的論文五年內暫緩公開。

（記者郭怡君）

轉載自「自由電子報」2007年2月1日 星期四

附錄四：

藥片穿瓶　李嗣涔文章　楊振寧批荒謬

記者李名揚／台北報導

今天上任的台大新校長李嗣涔曾在一九九六年發表一篇試圖解釋「藥片穿瓶」原理文章，諾貝爾物理獎得主楊振寧最近重話批評「這篇文章完全荒謬」；李嗣涔昨天回應說，他當年只是盡他所有知識背景，想解釋藥片穿瓶的原因，結論「極可能錯誤」，他願意虛心接受物理前輩指教。

台大物理系教授楊信男最近到大陸參加研討會，順便請教楊振寧對李嗣涔一九九六年九月發表在「中國人體科學」期刊文章「固體產生宏觀量子波之可能成因」的看法，楊振寧看過後表示：「這篇文章完全荒謬，我很驚訝他被任命為台灣最重要大學之一的校長。」

李嗣涔指出，這篇文章是當年在看過張寶勝表演藥片穿瓶特異功能後，用自己的有限知識，推導可能的理論，當然推論結果極可能是錯誤的，他希望、也願意接受指教。李嗣涔當年這篇文章主要是認為，只要降低固體（藥片）質心的熱速度，固體就可能形成「宏觀量子波」，若裝固體的容器器壁有小孔或縫隙，宏觀量子波就可能從小孔或縫隙中穿出，突破空間障礙。

本身也從事特異功能研究的中央研究院院士、國家同步輻射中心主任陳建德指出，李嗣涔提出的理論可能性幾乎等於零，他發表這樣的文章，確實很不妥；特異功能現在是「有現象、沒理論」，李嗣涔做了幾千次手指識字實驗，是科學家為追求真理應有的堅持，但不應輕易提出理論。

但陳建德認為「誰能無過」，李嗣涔只因看到一件新奇現象，一時動心想知道宇宙新現象原理，才急於提出假設，李嗣涔在此事上確實大意不夠嚴謹；但李嗣涔難道有從這件事得到好處？有處心積慮騙人？若沒有，只是單一事件發生失誤，外界不應太苛責。

但楊信男認為，李嗣涔在學術上行事草率，將來要怎樣要求其他教授的科學研究態度？一名台大物理系教授也說，「操之過急」是學術大忌，許多學者都以「嚴謹、不犯錯」自我要求，像當年丁肇中最先發現J粒子，但因謹慎，不願先發表，一直到聽說同領域的Burton Richter要發表，才趕緊發表，最後只好兩人分享諾貝爾獎。

轉載自【2005/06/22 聯合報】

後記（重點評註與擂台）

對於「高橋舞作弊」事件的理性評論

最近在友人網站看到網友針對「高橋舞作弊」爭辯得沸沸揚揚，有人發了十幾篇文章，洋洋灑灑數萬字，只是想說一件事：「被測試了一萬次，只有一次被抓到作弊，不能因為這一次作弊；就認定前面所有的測試都是作弊造假……」云云

這真不知道是什麼火星話？貼文者甚至還認為一些超能力者因為經常被要求表演，有時迫於人情壓力，又難免有時體力精神不濟，並不適合發功，但是，為免大家失望，所以只好用魔術表演來取代，這也是情有可原的……

必須了解的是；「魔術」和「人體特異功能」是兩回事，後者是非常嚴肅的課題，因為這個科學研究事關於人類潛能及繼續進化的方向，甚至連結果都會有重大影響，豈能兒戲從事？

對於「高橋舞作弊」事件，貼文嘵嘵而辯者顯然是存心為當事人開脫，幾近強詞奪理的在

為她狡辯，若非親友，就可能是曾經參與同一實驗的局中之人。

其實這個問題不是爭辯就可以解決，而答案也可以很簡單；只要合理的邏輯推理就可以明白；所謂「合理的邏輯推理」，譬如說行船在海上，看到一小座冰山，那就遠遠避開吧，因為即使從來沒有親眼見過冰山，沒有實際去探究過它的底部，但是，從平日冷飲杯中的冰塊；就能經驗到，冰塊不是完全飄浮在水面上的，至少有超過3／4是在水面下的，所以看到冰山一角，就可以合理的邏輯推理出海面以下部份肯定是相當巨大的；

同樣，直接針對「手指識字」來談；如果測試了一萬次，只要最後一次抓到她作弊，那麼之前的九千九百九十九次「認出字」來的成功率有幾成？沒有「認出來」的失敗率又有幾成？這些在此時已經不是重點，甚至沒有太多的關連；因為關鍵是有沒有可能前面的九千九百九十九次都沒有作弊，只有最後這次是頭一遭作弊就剛好被抓到，所以，只有這次不算數必須排除，其他的測試結果和數據統統依舊成立？

這當然是不可能的，也是違反「合理的邏輯推理」的，就好像在海上看到冰山一角還執意要靠近過去，堅持相信這座冰山「可能」是例外，比較特別，是全部浮在海面上，海面以下是完全空空如也的？這種想法是愚昧可笑的，這種說法是強詞奪理的狡辯曲護。

如果測試了一萬次，只要最後一次抓到她作弊，就可以先證明兩點：其一、她不是一個誠實的受測者。第二、因此不能確定她在這一萬次測試中，究竟作弊了多少次？

而由此又衍生出了兩個重要的可能性：其一、她在這一萬次測試中，有時作弊，有時是誠實受測。其二、她從頭到尾都是在作弊。

那麼，如果是第二種狀況，既然每次都作弊，為什麼卻又不能百分之百成功？有時成功，有時卻失敗呢？

答案也很容易推理；因為作弊是需要環境條件的，監視得越嚴密，作弊的困難度就會增高，所以有時真的是無技可施，所以才會失敗（註：譬如就算在大學聯考用最先進的電子通訊設備作弊能夠成功，也不可能考滿分的），而環境條件，有時是在全黑暗下的測試，除非偷偷戴夜視鏡，否則如何能偷看呢？所以當然失敗的情形多。而李嗣涔先生將黑暗中手指無法識字解說為「屏幕也需要正面的外在光源照射，才能看得清楚」，那就真的是曲意的強解了。（註：以筆者對於通靈人的認知，那是浮現出一種景象，而不是一塊黑板，所以怎麼會需要外在光源呢？想想做白日夢吧！那裡需要外在光源才能看到什麼呢？）

也因為以上非常簡單的「合理邏輯推理」，在一萬次測試中，只要有一次作弊被抓到，那麼不論也不用計較她究竟作弊了多少次（就算當事人坦承偶而有作弊，那麼是五次？五十次？五百次？或者五千次又如何呢？又有什麼差別呢？剔除作弊的次數，剩餘的結果能夠算數嗎？）事實上，那些成功或者失敗的百分比紀錄這時已經完全失去參考和證明價值了，更直接說；這整個實驗的結果數據是不可靠，也根本不能當成研究證據的，整個實驗都是失敗的。

總金額一千萬的挑戰擂台

關於「孫儲琳」能讓煮熟的蝦子起死回生的挑戰擂台

筆者在撰寫本篇文章的此刻當下（西元2011年9月5日）決定公開擺設擂台，挑戰「孫儲琳」這項所謂的「逆旋變」特異功能，以下是擂台賽規則：

1.筆者個人懸賞獎金新台幣一千萬元（或折算等值人民幣），只針對「孫儲琳」一個人挑戰。

2.測試地點可以選在雙方都方便的第三地，譬如香港、澳門等地。

3.筆者會邀請四至五位有相關認知背景的學者參與，其中會包括知名魔術師。

4.測試環境由筆者設計佈置。

5.實驗器具及材料（蝦子）由我方準備。

6.測試場所會佈置小型更衣室，孫女士如同意接受戰帖，應同意更換我方準備的簡易但不會暴露任何隱私的實驗服裝，並且接受女性測試人員搜身檢查。

7.實驗器具：包括一個穩固的空心鋼架，放置性能良好，安全可靠的小型瓦斯爐，中型透明玻璃鍋一口，透明中型玻璃盤子一個。小型透明無色壓克力茶几一張，放置盛熟蝦玻璃盤實際測試用。

8．蝦子當天會購自當地有水族箱的可靠海產店。以生猛的中型活蝦為主。並以連帶有水及供氧設備的小型水族箱完整運達現場。

9．蝦子數量為12尾，測試時，由雙方共同見證後，放入清水鍋中煮到熟透，經雙方再次證實。其中2尾為對照組，當場剝殼，用刀橫向剖開，再切成小塊，由現場所有人員試吃，證實確實熟透，其餘10尾實驗組的熟蝦用來接受「逆旋變」特異功能測試。

10．蝦子由我方事先以「明記」、「暗記」方式標定防偽記號，並事先拍照及錄影存證，以供事後比對提證。

11．現場將佈置六部攝錄影機，上下四方各一部，同時全程錄影，其中至少有兩部為超高速錄影機。

12．實驗必須在同一天內完成，最長不超過八小時，實驗中途不暫停休息。

13．我方保證誠信原則，不會以任何不當方法干擾或破壞實驗過程及調換結果，孫女士同樣可以用錄影設備紀錄存證。如果孫女士確實可以讓所有煮熟的10尾蝦子成功的起死回生，活蹦亂跳（可以放入水族箱中至少存活60分鐘以上），我方無法找出任何人為作弊的證據，或者我方故意更改實驗結果，經孫女士提出確切證據；新台幣一千萬元就由孫女士提領，我方不得異議。

14．同樣的為了公平起見；孫女士也應相對的提供新台幣一千萬元（或折算等值人民幣）作為保證金，只要實驗失敗，無法如其所言；經由「逆旋變」讓煮熟的10尾蝦子起死回生，活蹦亂跳（可以放入水族箱中至少存活60分鐘以上），或者有人為作弊行為，經錄影證實，我方有權沒收一千萬元保證金，孫女士同樣不得異議。

15．雙方同意此測試前，另訂正式契約，詳列條件，經由官方公證後，依約行事。

※筆者做任何事一向認真，敢說敢作敢當，所以這個擂台挑戰，不是兒戲或隨便說說。只要對方有正面回應，這個測試就即刻舉行。

※屆時，筆者個人也竭誠歡迎李嗣涔先生以貴賓身份能應邀前來觀察，不論實驗結果如何，筆者個人絕對信守承諾保證履約。

國家圖書館出版品預行編目(CIP)資料

尋訪諸神網站二書大批判 / 張開基著. -- 第一版. -- 臺北市 : 宇河文化出版 : 紅螞蟻圖書發行, 2011.10

面 ; 公分. -- (異能研究評論 ; 1)

ISBN 978-957-659-869-2(平裝)

1.通靈術 2.欺騙

296 100018692

尋訪諸神網站二書大批判

作　　者／張開基
發 行 人／賴秀珍
出　　版／宇河文化出版有限公司
發　　行／紅螞蟻圖書有限公司
地　　址／台北市內湖區舊宗路二段 121 巷 28 號 4F
網　　站／www.e-redant.com
郵撥帳號／1604621-1　紅螞蟻圖書有限公司
電　　話／(02)2795-3656（代表號）
傳　　真／(02)2795-4100
登 記 證／局版北市業字第 1446 號
法律顧問／許晏賓律師
印 刷 廠／福霖印刷有限公司
電　　話／(02)2221-6760
出版日期／2011 年 9 月　第一版第一刷

定價 250 元

ISBN: 978-957-659-869-2　　Printed in Taiwan